JN111997

一度読んだら絶対に忘れない

ENGLISH GRAMMAR
TEXTBOOK

英文法の教科書

牧野智一

はじめに 英文法には、"1つ"の ストーリーがある!

「英文法は学校のテストのために暗記するもの」

「英文法がわからなくても、英語は使えるようになる」

英文法に対して、このようなイメージを持っている人が世間には多いように思えます。

断言します。

英文法の勉強こそが、英語を習得するためのもっとも効果的な方法です！

なぜ、そう言い切れるのか？

私自身に、英文法を勉強することによって英語を使いこなせるようになったという事実があるからです。

ただ、英文法を勉強すると言っても、意味もよくわからない英文を丸暗記するだけでは、英語を使いこなせるようになるのは難しいでしょう。

英文法を勉強するうえで一番大切なのは、"理解する"ことです。

「理解する」ことを目的にすると、英文法が「無味乾燥な公式集」から、心躍る「究極の表現集」に変わるのです。

この「究極の表現集」を獲得することができたからこそ、留学経験のない私でも通訳者になれ、一線で活躍することができました。

では、英文法を"理解する"ためにはどうすればよいか？

それは、英語という言語の言語構造をつかむことです。

そのためには、**すべての英文法を１つのストーリーとして学ぶ**ことが必

要となります。

　じつは、英語の全体像がより理解しやすくなるための文法の"学び順"というものがあります。

　本書では、その"学び順"に沿って、すべての英文法を数珠つなぎにして解説します。

　すべての英文法はバラバラに存在していたり、意味もなく使われていたりするわけではありません。それぞれに、きちんと「存在する理由」と「役割」があります。

　1つひとつの文法がしっかり理解できると、無理やり覚えようとしなくても、一度読むだけで驚くほど頭に残っていることが実感できるはずです。

　ぜひ、学生時代に学んだ英文法の知識をリセットし、頭をまっさらな状態にして本書を読んでみてください。

　英文法により重点を置いているため、ネイティヴスピーカーが会話で使う「口語文法・表現」に触れてはいませんが、本書の内容の範囲を身につけられれば、英作文を書いたり、会話で意思疎通を図ったりすることは十分対応可能です。

　英語を勉強しているのに、なかなか使えるようにならないと悩んでいる人にとって、本書が少しでもお役に立てば幸いです。

牧野智一

【本書の内容と制作方針について】

- 本書は学術研究を目的に制作した書籍ではないので、専門的な歴史・文化・地域性・宗教観・古代文字の表記・言語学的学説・言語の変化過程の解説は省いています。
- 語源および文法の歴史については、諸説ある中から初心者が理解・納得しやすいものを選んで取り上げています。また、1つの文法に対して複数の解釈がある場合、初心者が理解しやすい解釈を選んでいます。
- 一般的に学校教育で使われている文法用語について、本書の中で独自の理解しやすい呼び名に改めて表現している場合があります。

一度読んだら絶対に忘れない

英文法の教科書

>>>>>>>>>>>>>>>>>>>>>>>>>>>>

CONTENTS

>>>>>>>>>>>>>>>>>>>>>>>>>>>>

はじめに
英文法には、"1つ"のストーリーがある！ 2

>>

ホームルーム①
「公式の丸暗記」の弊害 12

ホームルーム②
英文法は1つのストーリーで学べ！ 14

ホームルーム③
英語と日本語のズレの正体 18

ホームルーム④
英文法の「難しさ」は歴史が原因 20

>>

第1章
英語の基本構造

英語は「動詞」と「文型」が9割 26

be動詞①
なぜ、am、are、isは「be動詞」と呼ばれるのか？ 28

be動詞②
なぜ、「be動詞」の活用はバラバラなのか？ 30

CONTENTS

be動詞③

「〜です」以外の「be動詞」の訳し方 32

一般動詞①

なぜ、「三単現」だけ動詞にsがつくのか？ 34

一般動詞②

「be動詞」と「一般動詞」の使い分けのコツ 36

動詞の否定文・疑問文

「be動詞」も「一般動詞」も本当は同じルールだった！ 38

疑問詞①

「5W1H」ではなく「8W1H」で理解する 44

疑問詞②

疑問形にならない疑問詞の使い方 46

疑問詞③

なぜ、「5W1H」の中でHowの頭文字だけHなのか？ 48

命令形

命令文をめぐる2つの謎 50

基本5文型①

英語は「順番」が命 52

基本5文型②

文型は、主語と述語を決めることから始まる 54

冠詞①

「a／an」を使う場面は2つだけ！ 62

冠詞②

「the」の訳は「その〜」だけではない！ 68

前置詞

前置詞が必要なとき、不要なとき 72

接続詞

接続詞の後ろにはカンマをつけない　78

形容詞

形容詞は「名詞」を説明する言葉　82

副詞

副詞は「動詞」を説明する言葉　84

>>

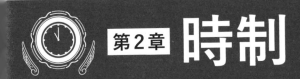

第2章 時制

時制は、3つのブロックで理解する　90

時制①

日本人は英語の「時制」が苦手で当然！　92

時制②

英語の時制は、日本語にないものばかり　94

時制③

「現在形」は「現在の時間」以外にも使う　96

時制④

じつは「進行形」は「瞬間」を示す表現！　100

時制⑤

「過去形」の2つの使い方　104

CONTENTS

時制⑥

「未来形」は5つに分けて覚える 108

時制⑦

「現在につながる過去」を表す「現在完了形」 114

時制⑧

「過去完了形」「未来完了形」の違いは図で一目瞭然！ 120

時制⑨

「完了形」の否定文と疑問文のつくり方 122

時制⑩

「完了進行形」は期間内に継続したこと 124

時制⑪

「仮定法」は「神様の時間」を表している 126

時制⑫

「If」が登場しない「仮定法」の使い方 132

敬語

じつは「敬語」と「仮定法」は同じ考え方！ 134

条件副詞節

「仮定法の一種」だった条件副詞節 136

Column

「構造文法」と「感覚文法」 138

第3章
動詞から派生した文法

動詞から派生した文法も1つのストーリーでつなげる　142

助動詞①
willの意味は「未来」だけではない！　144

助動詞②
「can」と「be able to」は何が違う？　148

助動詞③
「may」は神様を意識した言葉　152

助動詞④
「must」と「have to」は語源で理解する　156

助動詞⑤
「should」にも「宗教的な視点」がある　158

不定詞①
「to不定詞」の用法をまとめて理解する方法　160

不定詞②
「be to構文」は"厳密"に訳してはいけない　164

分詞
動詞を形容詞として使う「分詞」　166

動名詞
「動名詞」と「to不定詞」の使い分け方　171

CONTENTS

第4章 コンビネーションから生まれた文法

文法の「形」が生まれた"理由"まで理解する 176

比較
「比較文」はシンプルに「直訳」で! 178

受動態
「受動態」は「責任逃れ」のための文法!? 186

使役動詞
難しそうな「使役動詞」も構造はすべて同じ! 190

関係代名詞
「関係代名詞」を使いこなす5つのステップ 192

関係副詞
「前置詞＋名詞」を簡略化 202

>>>

第5章 間違えやすい英文法

「間違えやすい文法」を攻略する2つの視点 210

other
「other」は「図」で理解しよう! 212

数字

「大きな数字」を英語でスラスラ言う方法 216

It to ／ that構文

「It to ／ that構文」で長い主語は後回しに 220

準否定語

「hardly」と「rarely」は同じ意味ではない！ 222

倒置

「倒置」の目的は「副詞の強調」 224

挿入疑問文

「聞きたいこと」は先に置きなさい！ 226

特殊なthat節

that節の中の動詞が原形なのはなぜ？ 228

分詞構文

簡略化のために生まれた「分詞構文」 230

強調構文

「強調構文」は「先出しの原則」で！ 236

おわりに 238

CONTENTS

「公式の丸暗記」 の弊害

 ## なぜ「公式の丸暗記」が問題なのか?

　学校の英語の授業で、たとえば「受動態」について次のような公式を教わった経験はないでしょうか?

受動態(〜される)＝be動詞＋過去分詞

　学校では、英文法をまるで「数学の公式」のように教えていることが多いようです。

　しかし、英文法の公式を丸暗記するような勉強には、"大きな弊害"があります。

　たとえば、「受動態(〜される)」の公式を丸暗記しているだけの人は、次のような間違いをしやすいのです。

He broke the window. (彼がその窓を壊しました。)
　↓
The window was broken by him. (その窓は彼によって壊されました。)

　このような「能動態→受動態」という文の書き換えは、**「公式の誤用の産物」**です。

　なぜ問題かというと、日常会話の中で、ネイティブが「He broke the window.」を「The window was broken by him.」と受動態に言い換えて表現する場面なんてほぼないからです。

　ネイティブが受動態を使うシチュエーションとは、「能動態を受動態にしたい」場合ではありません。

　例えば、ネイティブは、次のように受動態を使います。

The window was broken.（その窓が壊されました。）

　上の文では、「by him（彼によって）」という言葉が抜けています。

　つまり、受動態は、<u>「行動主」をぼかしたい（責任の所在をぼかしたい）ときに使われる文法</u>ということです。

　日常生活において、受動態を使う目的は、能動態を受動態に言い換えることではないのです。

 ## 「ネイティブの思考」が自然と身につく英文法の学び方

　これまで、私は予備校や英会話スクール、大学などで、英語の授業を行ってきました。

　私の英文法の授業では、公式を説明することも、生徒に公式を暗記させることも絶対にありません。

　それにもかかわらず、ほとんどの生徒は短期間で英語を使いこなせるようになります。私自身も、留学をすることなく、英文法を勉強するだけで通訳者になることができました。

　その秘密は、<u>「ネイティブの思考」が自然と身につく英文法の学び方</u>にあります。ポイントは、次の3つです。

　1. 英語という言語の「フレームワーク（枠組み）」を理解する
　2. 単語に含まれている「隠れニュアンス」を理解する
　3. 文法のルーツを理解する

　次項から、順番にご説明しましょう。

英文法は1つのストーリーで学べ！

 学校では教えてくれない英文法の「学び順」

　まず、1つ目の英語の「フレームワーク（枠組み）」とは、少しカタイ言葉で表現すれば、「言語構造」とも言えます。

　最初に「フレームワーク」を理解すると、上達のスピードは飛躍的にアップします。

　難しいことのように感じてしまうかもしれませんが、そんなことはけっしてありません。

　やることは、いたって簡単です。**英文法を「ある1つの順番」で学びさえすればよい**のです。その順番というのが、次ページの図の左側です。**英文法をこの順番で学ぶと、英語という言語のフレームワークを自然と理解することができる**のです。

　希少言語を除くと、世界のほぼすべての言語の構造は共通しています。

　そのため、世界の外国語教育においては、英語をはじめとして、スペイン語やフランス語などのヨーロッパ言語からアジアの言語まで、どの言語でも、教える文法はおおむね同じ言語構造に沿って構成されています。

　ところが、日本の英語教育は、英語のフレームワークを踏まえた構成になっていないのです。

　英文法を「公式の丸暗記」をするだけの科目だと捉えてしまう人が多いのは、日本の英語教育カリキュラムにも1つの原因があるのではないかと私は考えています。

　英語のフレームワーク（枠組み）について、もう少し具体的にお話ししましょう。P17の図を見てください。

図 H-1 　英文法には、一度読んだら忘れない "学び順" がある！

言語構造に基づいた英文法の順番

1. be 動詞
2. 一般動詞
3. 動詞の否定文・疑問文
4. 疑問詞
5. 命令文
6. 基本 5 文型
7. 冠詞
8. 前置詞
9. 接続詞
10. 形容詞
11. 副詞
12. 現在形
13. 進行形
14. 過去形
15. 未来形
16. 現在完了形
17. 過去完了形
18. 未来完了形
19. 完了進行形
20. 仮定法
21. 敬語
22. 条件副詞節
23. 助動詞
24. 不定詞
25. be to 構文
26. 分詞
27. 動名詞
28. 比較
29. 受動態
30. 使役動詞
31. 関係代名詞
32. 関係副詞

一般的な学校の英語カリキュラム

中1
1. be 動詞
2. 形容詞
3. 一般動詞
4. 名詞
5. 代名詞
6. can
7. 命令文
8. 疑問詞
9. 現在進行形

中2
1. 過去形
2. 未来形
3. 助動詞
4. There is 構文
5. 副詞
6. 不定詞
7. 動名詞
8. 接続詞
9. 文型
10. 比較

中3
1. 受動態
2. 現在完了
3. 関係代名詞
4. 分詞
5. 前置詞

高1
1. 基本 5 文型
2. 助動詞
3. 時制
4. 不定詞
5. 動名詞
6. 分詞
7. 分詞構文
8. 形容詞
9. 数詞
10. 副詞
11. 関係代名詞
12. 関係副詞
13. 強調
14. 省略
15. 倒置
16. 挿入
17. 比較
18. 前置詞
19. 接続詞
20. 複数形

大きく4つのパートからできていて、1と2が前半、3と4が後半になります。

1つ目のパートは、「文の基本構造（成り立ち）」です。最初にbe動詞と一般動詞を学ぶことがポイントです。なぜなら、動詞は言語において欠かすことができない存在だからです。命令文など、主語のない英語の文はありますが、動詞のない英語の文というのは成立しません。

手っ取り早く新しい言語を習得したい場合、動詞のボキャブラリーをひたすら増やすという方法があります。それだけでも最低限のコミュニケーションを取ることができるようになります。それぐらい、**動詞は言語において中心的な役割を果たす言葉**なのです。

また、**基本5文型も、動詞、疑問文の次に学ぶことが重要**になります。

世界のほとんどの言語において、文型は非常に重要な要素を占めます。詳細は本編で改めて解説しますが、文型があまり重要視されない傾向にある日本語は、世界的に見ても珍しい言語と言えます。

2つ目が、時間感覚を表す「時制」です。英語以外の言語においても、時制の習得は最難関の壁になります。なぜなら、時制には、その言語を使う人たちのモノの見方や価値観が色濃く反映されているからです。

英語だけでなく、世界のほとんどの言語において、1と2のパートの文法を使いこなせるようになれば、その言語を9割がたマスターできたといっても過言ではありません。

後半の3つ目と4つ目は、1と2のパートの内容を踏まえた発展です。

まず3つ目は、動詞の派生形です。言語において中心的な役割を果たす動詞を発展させることで、より幅広い表現が可能になります。私自身は、このパートの文法を「動詞を膨らませる文法」とも呼んでいます。

4つ目は、2つ以上の単語を組み合わせてつくる文法が該当します。私は、「コンビネーションの文法」と呼んでいます。

英語以外の新たな言語を学習するときも、右のフレームワークにその言語の文法を当てはめれば、上達のスピードが格段にアップするはずです。

①
文の基本構造
（成り立ち）

1 be 動詞
2 一般動詞
3 動詞の否定文・疑問文
4 疑問詞
5 命令文
6 基本5文型
7 冠詞
8 前置詞
9 接続詞
10 形容詞
11 副詞

②
時制

12 現在形
13 進行形
14 過去形
15 未来形
16 現在完了形
17 過去完了形
18 未来完了形
19 完了進行形
20 仮定法
21 敬語
22 条件副詞節

③
動詞の派生形

23 助動詞
24 不定詞
25 be to 構文
26 分詞
27 動名詞

④
コンビネーションから
生まれた文法

28 比較
29 受動態
30 使役動詞
31 関係代名詞
32 関係副詞

①と②の文法を使いこなせるようになれば、9割がたマスターできたと言える。言語の「土台」となる文法。

英語と日本語のズレの正体

 英語の「隠れニュアンス」とは？

　フレームワークの次は、単語に含まれる「隠れニュアンス」について説明します。

　隠れニュアンスという言葉は、私の造語です。現状の英語教育界の中で、私が調べたかぎりでは、ピッタリの言葉が見つからなかったのでつくりました。意味は、次のとおりです。

> **隠れニュアンス＝和訳にするとズレが生じる、ネイティブが感じている単語そのものが持っている雰囲気**

　日本人の英語学習者にとって、隠れニュアンスは、けっこうやっかいな存在です。

　英文法を一生懸命勉強しているのに、なかなか理解できないという人は、隠れニュアンスの理解不足が原因ということがよくあります。

　隠れニュアンスの代表的な例が、「go（行く）」と「come（来る）」です。下のカッコの中には、どちらの単語が入るでしょうか？

> A：Dinner is ready now.（夕飯の支度ができたよ。）
> B：OK, I'm（　　　　　）.（わかった、今行くよ。）

　正解は、comingです。日本語訳は「今行くよ」となっているのに、なぜ、goingではないのでしょうか？

　理由は、ネイティブは、「go＝離れていく」、「come＝近づく」という
イメージで使っているからです。これが、単語に含まれている「隠れニュ
アンス」です。

「I'm coming.」とは、より正確に訳すなら、「私はそちらに近づいてい
きます。」という意味になります。

　ただ、これでは日本語の文として違和感があるので、「今行くよ。」にな
っているだけなのです。

　このように、**日本語訳だけを手がかりに理解しようとすると、知らず知
らずのうちに、どうしても単語の認識に"ズレ"が生じていきます。**

　そのため、単語を学ぶときに日本語の直訳だけでなく、隠れニュアンス
も合わせて理解することで、ズレを修正していく必要があるのです。

単語の「使い分け」の判断基準にもなる

「隠れニュアンス」を理解しておく理由は、もう1つあります。

　それは、**「隠れニュアンス」が単語の「使い分け」の判断基準にもなる**か
らです。

　単語の日本語訳がほとんど同じ意味に思えてしまうため、どちらを使え
ばよいのかわからない、という場面はよくあります。

　たとえば、「hardly（ほとんど〜しない）」と「rarely（めったに〜しな
い）」は、日本語訳だけでは、意味の違いがほとんどわかりません。

　**ところが、次のように「隠れニュアンス」を知ると、まったく別のこと
を相手に伝えるための単語だということがわかるのです。**

hardly：ほとんど〜しない（だから、今回もしない）
rarely：めったに〜しない（でも、たまにはする）

　本書で英文法と一緒に隠れニュアンスをおさえることで、英文法の勉強
に公式の丸暗記なんて一切いらないことがわかるはずです。

19

英文法の「難しさ」は歴史が原因

 英語のルーツは、4つに分けられる

　英文法を学ぶうえで、なぜ各文法のルーツを知ることが重要なのか？

　それは、**英語のルーツをおさえることで、頭の整理が格段に楽になる**からです。

　じつは、英語はゲルマン語やラテン語など、多種多様な言語が混ざってできた言葉なのです。そのため、文法のルールに規則性がないことが多く、学んでいて混乱しやすいのです。

　歴史をたどると、英語は現在のイギリスの本島にあたるグレート・ブリテン島に様々な民族が移り住んできたことで、数多くの言語の文法や単語を取り入れながら変化してきました。

　英語は、大きく変化した時期に着目すると、次の4つに分けることができます。

1. 古英語（Old English）
2. 中英語（Middle English）
3. 近代英語（Modern English）
4. 現代英語（Contemporary English）

　順番にご説明します。

 ゲルマン人に影響を受けた「古英語」

　現代の英語の原型にあたる**古英語（Old English）**は、「ケルト語」と

「ゲルマン語」を主体とした言語です。

　成立したのは、今から約1500年前です。英語発祥の国であるイギリスの本島であるブリテン島に、ゲルマン民族が移住してきたことがきっかけとなりました。

　5世紀ごろまで、ブリテン島にはケルト民族のブリトン人が住んでいました。

　そこへ、現代のドイツ人に通じるゲルマン民族の一派が進攻を開始したのです（ゲルマン人の大移動）。

　このとき、この島で以前から話されていたケルト語と、新たに入ってきたゲルマン語が混ざり合ってできたのが古英語です。

　古英語は、アルファベットも現在と異なるほか、地方ごとに文法や単語が定まっていませんでした。

　現代の英語とはかけ離れた言葉なので、私たち日本人にとっての平安文学のように、理解するには勉強が必要になります。

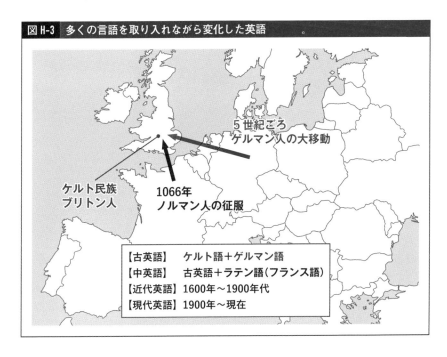

図 H-3　多くの言語を取り入れながら変化した英語

5世紀ごろ
ゲルマン人の大移動

ケルト民族
ブリトン人

1066年
ノルマン人の征服

【古英語】　ケルト語＋ゲルマン語
【中英語】　古英語＋ラテン語（フランス語）
【近代英語】1600年〜1900年代
【現代英語】1900年〜現在

ラテン語が流入してできた「中英語」

次に成立した**中英語**（Middle English）は、古英語とラテン語が混ざり合ってできた言語です。

1066年、フランス北部にあるノルマンディー地方の君主が、ブリテン島を征服してイングランド王に即位しました。このとき、それまでブリテン島で話されていた古英語と、ノルマンディー地方の人が話していたラテン語がぶつかり、中英語が成立しました。

ラテン語は、ポルトガル、スペイン、フランス、イタリアなど、もともと神聖ローマ帝国の勢力圏で話されていた言語です。当時、ブリテン島にやってきたのは、ラテン語からフランス語へと変わる過渡期の言葉でした。

中英語で書かれた書物として有名なのが、ジェフリー・チョーサーの『カンタベリー物語』です。この時期の英語は、単語なども現代英語に比較的近く、ある程度勉強すれば読める部分が多くなります。

 ## 現代の英語に直結する「近代英語」

近代英語（Modern English）は、1600年代に入って文法や単語が洗練され、現代の英語に非常に近い形になったものを指します。

大航海時代を経て、キリスト教の布教を目的として中英語の文法や単語が統一され、1900年代初頭までほぼ同じ形式で使用されました。

 ## グローバル化で簡略化が進む「現代英語」

現代英語（Contemporary English）は、近代英語をより簡略化した、現代の英語圏で使われている英語です。

近代英語は、もともと布教のためにまとめられた英語だったため、形式的な表現が多いという難点がありました。

20世紀に近づくと、タイタニック号が象徴するような巨大客船などによる大量の移民が英語圏に流入します。

さらに、第二次世界大戦後、アメリカが戦勝国として世界経済をリードするようになると、世界中の人々が英語を使ってビジネスを始めます。

英語圏が急速に拡大して外国との国際的な交流が活発化する過程で、**「英語の簡略化」**も急速に進みました。

英文法を学ぶ上では、この「英語の簡略化」が大きなキーワードとなるので、覚えておいてください。

そして、似たような表現の単語が統一されたり、文法の一部が省かれた英語へと変化したりしました。これが、私たちが学ぶ現代英語です。

また、グローバル化が進む昨今、「tsunami（津波）」や「edamame（枝豆）」が英語として定着するなど、より多種多様な言語が取り入れられるようになっており、現代英語も日々変化しています。

 ## 英文法の「なぜ？」がすべて解決できる！

ここまで、「ネイティブの思考」が自然と身につく英文法の学び方3つのポイントを解説してきました。

この3つをおさえることで、各文法について、

「なぜ、この文法はこのような形なのか？」
「なぜ、この文法が必要なのか？」
「どのような場面でこの文法を使うのか？」

という疑問がすべて解決され、一度読むだけで驚くほど英文法が頭に残るようになっていることを実感していただけるはずです。

第1章

英語の
基本構造

英語は「動詞」と「文型」が9割

第1章では、「英語の基本構造（成り立ち）」をつくる文法を学びます。

右の図を見てください。

この順番どおりに学ぶことによって、英語の基本構造をより深く理解できるようになるのです。

まずは、「英語の基本構造」の大枠からご説明しましょう。

最重要ポイントは、「動詞」と「文型」です。英語の基本構造というのは、この2つの要素が9割以上を占めます。

次に、「冠詞」や「前置詞」など、**名詞や動詞を周辺で支える文法**、最後に、「接続詞」や「形容詞」「副詞」です。

まず、be動詞と一般動詞から始める理由については、英語に限りませんが、**動詞は、言語において中心的な役割を果たす言葉**だからです。

そして、「否定文」や「疑問文」「疑問詞」「命令形」といった動詞に関連する文法を学んだ後は、「**文型**」に入るという流れになります。

前にお話ししたとおり、世界のほとんどの言語において、文型は重要な要素を占めます。

「文型」の次は、aやtheといった名詞に付随する「**冠詞**」、inやtoといった動詞に付随する「**前置詞**」です。

ここまでで、ひと通りの文章がつくれるようになると、より長い文章をつくるための「**接続詞**」や、名詞や動詞を詳しく説明するための「**形容詞**」と「**副詞**」が必要になります。

以上が、「英語の基本構造」の全体のストーリーになります。

では、さっそく次項から動詞について解説したいと思います。

第1章
英語の基本構造

第2章
時制

第3章
動詞から派生した文法

第4章
コンビネーションから生まれた文法

第5章
間違えやすい英文法

図1-1　第1章【英語の基本構造】の見取り図

動詞の文法

1 be動詞（am、are、isなど）

2 一般動詞

動詞に関連する文法

3 動詞の否定文・疑問文

4 疑問詞（what、who、where、when、whichなど）

5 命令形

文型

6 基本5文型

（S＋V、S＋V＋C、S＋V＋O、S＋V＋O＋O、S＋V＋O＋C）

名詞／動詞に付随する文法

7 冠詞（a/an、the）

8 前置詞（in、on、with、forなど）

より長い文をつくるための文法

9 接続詞（but、ifなど）

名詞／動詞をより詳しく説明するための文法

10 形容詞（cute、braveなど）

11 副詞（fast、wellなど）

なぜ、am、are、isは「be動詞」と呼ばれるのか？

英語の最初にして最大の謎「be動詞」

　学生時代、私は英語の授業で最初にam、are、isという「**be動詞**」を習いました。

　そして、いきなり次の疑問にぶつかってしまったのです。

「なぜ、am、are、isを『be動詞』と呼ぶのか？」

　amにもareにもisにも、どこにもbeという綴りは見当たりません。なのに、どうして「be動詞」という名称なのか？

　私は、多くの先生にこの質問をしました。ところが、「そういうものだから……」と言われるだけだったのです。

　英文法の「なぜ？」を追求する私の旅は、このときから始まったと言えるかもしれません。

be動詞は、古英語が起源

　この疑問の答えは、「be動詞」が歩んできた歴史にあります。

　「be動詞」という名称の起源は、今から約1500年前に生まれた「古英語」までさかのぼります。

　当時話されていた古英語において、現在の「am、are、is」にあたる表現には、別の単語が使われていたのです（図1-2参照）。右の図では、わかりやすいように一人称をI、二人称をYou、三人称をHeと現代英語に対応させています。

　当時のbe動詞では、一人称で「bēo」、二人称で「bist」、三人称で「biþ」という単語が使用されていました。

図 1-2	「be動詞」という名称の起源は「古英語」	
	現代英語	**古英語**
I（一人称）	am	b̄eo
You（二人称）	are	bist
He（三人称）	is	biþ

頭文字「b」と、一人称を表す「b̄eo」から、
「be動詞」という名称が生まれた。

「b̄eo、bist、biþ」をよく見てみると、語幹（活用しない部分）が「b」であることがわかります。

「be動詞」という名称は、これらの語幹の「b」と、最も使用頻度の高い一人称表現の「b̄eo」からとって名付けられたのです。

S ⌒V 由来はゲルマン語

古英語は、ケルト語、ゲルマン語のほか、インド系のサンスクリット語などの影響を受けています。

その中でも、「be動詞」の語源である「b̄eo、bist、biþ」は、ゲルマン語由来の言葉です。

その証拠に、ゲルマン語の直系の子孫である現代ドイツ語でも、同じbから始まる「bin」が、英語の「am」にあたる単語として使われています。

なぜ、「be動詞」の 活用はバラバラなのか？

s○v 主語によって活用

　前項で、「be動詞」という名称は、古英語の名残だとお話ししました。次は、「なぜ、be動詞『am、are、is、was、were』には規則性がないのか？」という疑問について明らかにします。

　まずは、be動詞の活用についておさらいです。be動詞は、「主語が何人称なのか？」などの観点で、下の図のように活用します。

　「be動詞の活用に規則性がない理由」は、専門性が高くなってしまうので、本書では、結論のみを簡潔にご紹介したいと思います。

図1-3　be動詞の活用形	
一人称	**I am a teacher.** 私は教師です。
二人称	**You are a teacher.** あなたは教師です。
三人称	**He / She is a teacher.** 彼／彼女は教師です。
主語が複数	**We / They are teachers.** 私たち／彼らは教師です。
一人称・三人称の過去形	**I / He / She was a teacher.** 私／彼／彼女は教師でした。
二人称・複数の過去形	**You / We / They were teachers.** あなたたち／私たち／彼らは教師でした。

第1章
英語の基本構造

第2章
時制

第3章
動詞から派生した文法

第4章
コンビネーションから生まれた文法

第5章
間違えやすい英文法

s ɔv▶ インド系と北欧系の言語が起源

　amとis、wasは、インドのサンスクリット語「asmi」「asti」「vasati」が起源、areは古北欧語のart、wereは古北欧語の「wesa」「wesan」が起源と言われています。英語は「インド・ヨーロッパ語族」というグループの1つで、インドやヨーロッパで話される言語と近い祖先を持つのです。

　古英語の時代のブリテン島に、インド系の言葉を使う人や、北欧系の言葉を使う人が大量に移動してきました。この2つの民族が使う言葉が、古英語の「bēo、bist、biþ」を追いやってしまったのです。

　言語は、「使用人数」の多いほうが残るという特徴があるため、時代とともに多数派が変化して、現在の形で残ったのだと考えられます。

　このように、**be動詞の活用がバラバラな理由は、「それぞれ違う語源を持ち、時代を経て変化した」**からということだったのです。

図1-4　be動詞は、様々な言語の影響を受けている

31

「〜です」以外の「be動詞」の訳し方

s ⊃v▶ be動詞の使われ方は、3パターン

次は、「be動詞の意味」についてお話しします。be動詞は、「〜です」という意味で教えられた人が多いと思います。

最初のころはそれで納得したとしても、少しずつ「〜です」では対応できない場面に遭遇するようになり、be動詞の使い方がわからなくなってしまった、という人は多いのではないでしょうか?

じつは、be動詞には、①**性質**、②**状態**、③**所在**、という「**3つの隠れニュアンス**」があります。この3つを理解できると、be動詞をより正確に使いこなせるようになるのです。

s ⊃v▶ be動詞の使い方①「性質」

①**性質**は、「**変わらないもの**」**を指す**ときに使用します。

例えば、「I am a teacher.(私は教師です。)」と言ったとき、その時点では「教師である」ことに変わりありません。

「I am from Kyoto.(私は京都出身です。)」も、be動詞の「性質」の使われ方です。この場合、**fromの「〜から離れる」という隠れニュアンスに注意が必要**です。

つまり、「I am from Kyoto.」は、「**私は京都から離れています。**」というニュアンスが含まれており、厳密に訳すと「自分は京都で生まれ育ち、そこから(ずっと)離れた状態です。」という文になります。

これを日常会話にした結果、「私は京都出身です。」という意味で定着しているというわけです。

第1章
英語の基本構造

第2章
時制

第3章
動詞から
派生した文法

第4章
コンビネーション
から生まれた文法

第5章
間違えやすい
英文法

図 1-5 be動詞の３つの使い方

①性質……変わらないもの

I am a teacher.

私は教師です。

②状態……そのときの一時的な状態

He is tired.

（形容詞）

彼は疲れています。

③所在（いる／ある）……人や物がどこにあるのか

She was in the garden.

彼女は庭にいました。

s v be動詞の使い方②「状態」

②状態は、「**そのときの一時的な状態**」を示す使い方です。

「He is tired.（彼は疲れています。）」には、「（その時点では）彼は疲れている」というニュアンスが含まれていて、「いずれ疲れはとれる」ことが示唆されています。このように、状態の場合、後ろに形容詞がよく置かれるのが特徴です。

s v be動詞の使い方③「所在（いる／ある）」

③所在は、「She was in the garden.（彼女は庭にいました。）」のように、「**人や物がどこにあるのか**」を示す場合の使い方です。

「be動詞の使い方は難しい」と感じる人が多いようですが、じつは、この３パターンですべて説明できてしまうのです。

なぜ、「三単現」だけ 動詞にsがつくのか？

⬛s⌒v⬛ 「三人称・単数・現在」の謎

be動詞が主語によって活用する一方、swim（泳ぐ）やread（読む）といった**一般動詞では、「三人称・単数・現在の場合、語尾にsをつける」**という変化が起きます。

【例】 He / She **swims**.（彼／彼女は泳ぎます。）

いわゆる「三単現のs」です。なぜ、「三人称・単数・現在」のときだけ、動詞にsがつくのでしょうか？

⬛s⌒v⬛ もともとは、すべての主語で活用していた

じつは、古英語や中英語では、主語に合わせて動詞がすべて変化していました。これはけっして珍しいことではなく、現代のヨーロッパ言語も同様に、現在形であってもすべて主語によって動詞は変化します。

スペイン語を例に挙げてみましょう（図1-6参照）。

スペイン語では、一人称（私は）、二人称（あなたは）、三人称（彼／彼女は）、一人称複数（私たちは）、二人称複数（あなた達は）、三人称複数（彼ら／彼女らは）のすべてで、動詞の現在形が変化します。

つまり、スペイン語を覚えるときは、1つの動詞につき、現在形だけで6種類の活用を覚えなくてはいけないということなのです。

動詞を覚えるのが非常に大変ではあるものの、「動詞を活用することで、主語を省略できる」というメリットがあります。

第1章
英語の基本構造

第2章
時制

第3章
動詞から
派生した文法

第4章
コンビネーション
から生まれた文法

第5章
間違えやすい
英文法

例えば「nado」と主語を省いても、聞き手は「一人称の単語だから、主語は "私" だ」とわかります。

このように**ヨーロッパ言語では、古代から現代に至るまで、動詞を活用させて主語を省略するという特徴がある**のです。

S⊃V ►「動詞を覚える手間」を省いた

ではなぜ、現在の英語は「三単現のs」に至ったのでしょうか？

他のヨーロッパ言語とは逆の考え方をしたと考えることで説明できます。つまり、英語は、**「主語を話すことで、動詞の活用を省く」という方向で変化した**のです。これにより、複雑な動詞の活用を覚える必要がなくなり、動詞を覚えるのが容易になりました。

その一方で、会話でよく登場する「三人称・単数・現在」だけは、強調したほうがわかりやすいということで、様々な活用方法の中から「語尾にsをつける」という最小限の活用形で残ったと考えられるのです。

図1-6 多くのヨーロッパ言語は、主語ごとに動詞がすべて変化する		
	英語	**スペイン語**
（私は）	I swim	Yo nado
（あなたは）	You swim	Tú nadas
（彼は）	He swims	Él nada
（私達は）	We swim	Nosotros nadamos
（あなた達は）	You swim	Vosotros nadais
（彼らは）	They swim	Ellos nadan

スペイン語は、主語ごとに動詞がすべて変化する。多くのヨーロッパの言語と異なり、英語は主語を省略せずに話すことで、動詞の活用を省くという方向で進化した。

「be動詞」と「一般動詞」の使い分けのコツ

S⌒V be動詞と一般動詞は「ニュアンス」が違う

be動詞と一般動詞、どちらを使うべきかで迷う場面がよくあります。

例えば、「彼はベッドで寝ています」という文を考えるとき、次のように2通りの言い方ができます。

①He is in bed.
②He sleeps in bed.

どちらでもよさそうな文ですが、じつは①と②では、**ニュアンスに"微妙"な違いがある**のです。

S⌒V be動詞は「静的」、一般動詞は「動的」

例えば、He has three cats.（彼は猫を3匹飼っています。）という文の場合、**話し手が積極的に猫を飼っているというニュアンスが聞き手に伝わります。**

日本語では「飼う」という動詞がそれほど強調される印象はないかもしれません。そこで、次の2つの文を比較してみましょう。

③He has three cats.（彼は猫を3匹飼っています。）
④There are three cats in his house.
　（彼の家には3匹の猫がいます。）

36

日本語の訳が、微妙に違うのがわかるでしょうか？

③の場合、「彼は猫を飼っている」と、彼が猫を世話しているという**積極性**が伝わってきます。

一方④の場合は、彼の家に猫がいることは同じですが、**彼が世話をしているような積極性が感じられません。**

同様に考えると、①He is in bed.の場合、「彼がベッドで寝ている」という情景（静的）に焦点がある一方、②He sleeps in bed.では、「彼がベッドで自分の身体を休ませている」という動的（積極的）なニュアンスが伝わってくるのです。

ネイティブは、**まず「静的か動的か」という認識でbe動詞と一般動詞を分けて、それから単語を選ぶ**という考え方をしています。

普段の会話では、動詞を使うだけで特に問題はありませんが、より正確にbe動詞と一般動詞を使い分けたいと思う場合は、ぜひ「静的か動的か」という視点で考えてみてください。

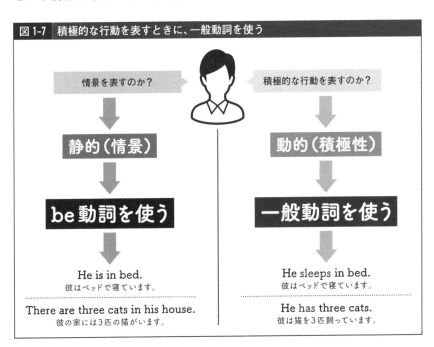

図1-7　積極的な行動を表すときに、一般動詞を使う

情景を表すのか？ → 静的（情景） → **be動詞を使う**

He is in bed.
彼はベッドで寝ています。

There are three cats in his house.
彼の家には3匹の猫がいます。

積極的な行動を表すのか？ → 動的（積極性） → **一般動詞を使う**

He sleeps in bed.
彼はベッドで寝ています。

He has three cats.
彼は猫を3匹飼っています。

「be動詞」も「一般動詞」も 本当は同じルールだった！

s⌒v 英語の「否定文」と「疑問文」のつくり方

be動詞を使った次の肯定文を見てください。

【肯】He is tired.（彼は疲れています。）

「彼は疲れていません」という否定文にする場合、**be動詞の後に「not」 をつけます。**

【否】He **is not** tired.（彼は疲れていません。）

「彼は疲れていますか？」という疑問文にする場合は、**be動詞を文頭に 移動し、文末に「？（クエスチョンマーク）」を配置**して、次のような文に します。

【疑】**Is** he tired**?**（彼は疲れていますか？）

　このように、be動詞の否定文と疑問文のルール自体は、シンプルです。
　中学校の英語の授業では、1年生の最初の頃に習うルールですが、多く の人がすんなり覚えられたと思います。

s⌒v 昔はもっとシンプルなルールだった

　じつは、英語の歴史をひもとくと、否定文は、

第1章
英語の基本構造

第2章
時制

第3章 動詞から
派生した文法

第4章 コンビネーション
から生まれた文法

第5章 間違えやすい
英文法

He is **no** tired.

と、「no」をbe動詞の後ろにつけただけの時期がありました。

疑問文の場合も同様に、かつては、

He is tired**?**

と、肯定文と同じ形を使い、文末に「？」をつけて語尾を上げて発音していただけのこともあったのです。

否定文と疑問文は、このようなシンプルな形で使用していた時期があるものの、時間をかけて冒頭のルールに落ち着いたということなのです。

もしかすると、使っているうちに、「noは発音が弱く、否定文だとわかりづらい」「疑問文と肯定文が同じ形だと聞き取りにくい」といったように、使いづらさを感じた人が多かったのかもしれません。

これまで多くの人が使ってきた中で最もわかりやすく、かつ使いやすいルールだったため、時間をかけて現在の形になったのでしょう。

S V 一般動詞の否定文・疑問文で「do」が登場する謎

be動詞の否定文・疑問文に比べ、一般動詞の否定文・疑問文は少しだけルールが複雑です。

まずは、一般動詞の否定文・疑問文のつくり方をおさらいしましょう。

一般動詞を使った、次のような肯定文があったとします。

【肯】They come here today.（今日、彼らはここに来ます。）

この文を「今日、彼らはここに来ません。」という否定文にする場合、**動詞の前に「do not」**をつけ、次のような文になります。

【否】They **do not (don't)** come here today.

（今日、彼らはここに来ません。）

「今日、彼らはここに来ますか？」という疑問文にする場合は、**doを文頭に、「？（クエスチョンマーク）」を文末に配置します。**

【疑】**Do** they come here today**?**（今日、彼らはここに来ますか？）

　一見すると単純なルールのようですが、「なぜ、否定文や疑問文で、突然 do が登場するの？」という疑問を抱いた人も少なくないと思います。

　その理由を説明するためには、現在でも使われる**「強調表現」**がヒントとなっています。

s ⊃ v ▶ 昔は、肯定文でも「do」が使われていた

　なぜ、否定文と疑問文には、突如として「do」が登場するのか？

　この謎を解くためには、再び英語の歴史をひもとく必要があります。

　じつは、**古英語から近代英語までは、次のように肯定文でも「do」が使われていた**のです。

They **do come** here today.

　現代英語でこのような形を使用する場合、「今日、彼らはここに**間違いなく来ます。**」と、動詞の「come」を強調する表現になります。

　しかし**近代英語までは、「do＋動詞の原形」がワンセットで「動詞」だった**のです。

　これをもとにもう一度考えてみましょう。

図1-8 じつは、be動詞も一般動詞も、否定文と疑問文のルールは同じ！

be動詞の否定文と疑問文のルール

【肯定文】He is tired.　　　彼は疲れています。
【否定文】He is not tired.　彼は疲れていません。
【疑問文】Is he tired?　　　彼は疲れていますか？

一般動詞の否定文と疑問文のルール

〈二人称〉

【肯定文】They do come here today.
【否定文】They do not come here today.　←doにnotをつける
【疑問文】Do they come here today?　←doを文頭に置き、文末に？をつける

〈三人称〉

【肯定文】He does come here today.
【否定文】He does not come here today.　←doesにnotをつける
【疑問文】Does he come here today?　←doesを文頭に置き、文末に？をつける

〈三人称の過去形〉

【肯定文】He did come here today.
【否定文】He did not come here today.　←didにnotをつける
【疑問文】Did he come here today?　←didを文頭に置き、文末に？をつける

【肯】They **do** come here today.　←動詞の前にdoを置く
【否】They **do not** come here today.　←doにnotをつける
【疑】**Do** they come here today?　←doを文頭に置き、文末に？をつける

　doをisと見立てると、be動詞の場合とまったく同じ手順で否定文と疑問文が出来上がります。

　現代英語では、肯定文だけが「do」をともなわないため、仲間外れのように思われがちですが、じつは、be動詞と同じルールで否定文と疑問文がつくられていただけだったのです。

　「否定文・疑問文で登場するdo」は、けっして突然出てきたものではなく、**肯定文で隠れていたdoが、be動詞のルールと同じように移動したもの**ということだったのです。

41

s⊃v▸「三単現」の否定文・疑問文のつくり方

次に、「三単現の s」がつく場合の否定文・疑問文を考えてみましょう。

「三単現」の主語を置くときは、「do」の代わりに「does」が登場します。

【肯】He like**s** cats. ←三単現の s がつく

【否】He **does not** like cats. ←does に not をつける

【疑】**Does** he like cats**?** ←does を文頭に置き、文末に？をつける

当初、「does」は、単に do に s をつけた「dos（ドス）」でした。

しかし、より do（ドゥ）の発音に近づけるために e をつけ「does（ドゥース）」となり、やがて「ダズ」と発音されるようになり、現在に至っています。

s⊃v▸「動詞＋s」は、「does」の s が動詞に移ったもの

ここで、「なぜ、否定文と疑問文では "does＋動詞の原形" を使うのか？」という疑問がわきます。

この謎を解くカギは、先ほど説明した「動詞＝do＋動詞の原形」です。

近代英語までは、「三単現」が主語の場合の肯定文は、次のような形をとっていました。

【昔の肯定文】He **does** like cats. ←does がつく

このように、肯定文では「動詞＋s」ではなく、「does＋動詞の原形」が使われていたのです。

学校の授業では、おそらく「does の後は動詞を原形に直す」と習うと思います。ところが、歴史的には「肯定文の does を省略するために、does の s を動詞の原形に移した」という考え方だったのです。

過去形の否定文・疑問文も考え方は同じ

　動詞の過去形については、あらためて２章で解説しますが、否定文・疑問文はdoesとまったく同じ考え方です。

【肯】He (~~did~~) came (~~come~~) here today.
【否】He **did not** come here today. ←didにnotをつける
【疑】**Did** he come here today? ←didを文頭に置き、文末に？をつける

　肯定文の考え方も「does」と同様です。

　もともとdoの過去形の「did＋動詞の原形」が使われていたのが、現在では省略され、動詞の原形が過去形に変化する形をとっています。

昔の英語では、動詞は名詞扱いだった

　かつての英語で「do＋come（来ることをする）」「do＋swim（泳ぐことをする）」と使われていた理由については諸説あります。

　私は、**「動詞の原形を名詞扱いしていた」**と捉えることができると考えています。

「動詞の原形を名詞扱いする」使われ方は、ラテン語やゲルマン語に起因します。

　例えば、現代のスペイン語では、「行きたい」を「quiero ir（キエロ イール）」といいます。

「quiero」は、「〜が欲しい」という意味で、「ir」は「行く」の原形です。

　つまり、現代のラテン系言語でも、動詞の原形を名詞のように「quiero ir（行くことを欲しい）」と表現しているのです。

　ここまで否定文・疑問文を見てきましたが、be動詞の場合も一般動詞の場合も、まったく同じ考え方で文がつくられていることがわかるのではないでしょうか。

「5W1H」ではなく 「8W1H」で理解する

s ⊃ v 疑問詞は「8W1H」で覚えよう

　疑問詞と言えば、学校の授業で**5W1H**という表現を教わった人が多いのではないでしょうか？

　5W1Hとは、下図のようにwhat、who、where、when、whyで「5W」、howで「1H」です。

　実際には、この6つに加えてwhich、whose、whomの3つの疑問詞も高頻度で使用されるため、合わせて「**8W1H**」と覚えるほうがよいでしょう。

図 1-9　5W1Hと8W1H

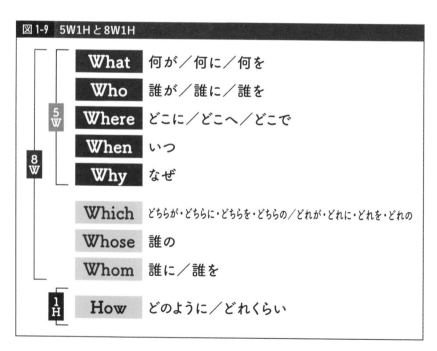

	What	何が／何に／何を
5W	Who	誰が／誰に／誰を
	Where	どこに／どこへ／どこで
	When	いつ
	Why	なぜ
	Which	どちらが・どちらに・どちらを・どちらの／どれが・どれに・どれを・どれの
	Whose	誰の
	Whom	誰に／誰を
1H	How	どのように／どれくらい

（5W、8Wの範囲：8WはWhatからWhomまで、5WはWhatからWhyまで）

s ɔv▸ 疑問詞は「yes/no」以外の答えを質問するもの

「8W1H」の疑問詞は、「はい／いいえ」といった単純な答えではなく、「何を？」「誰が？」「どこで？」「いつ？」「どのように？」のように、より具体的な答えを求めるために使用されます。

この中で注意したい疑問詞が、「誰に／誰を」で使用するwhomです。whomは、19世紀ごろまでしっかりと使い分けられていましたが、現代に近づくにつれて簡略化が進み、whoで代用されることが多くなっています。

ただ、契約書などフォーマルな文書ではしっかりと区別する必要があるでしょう。

s ɔv▸ 疑問詞の使い方

疑問詞は、下図のように必ず文頭に置いて使います。先に疑問詞から話し始めることで、聞き手も「問いかけられている」とすぐに気づけます。

図 1-10　疑問詞は、必ず文頭に置く

What do you want?　　　　　　何が欲しいですか？

Who did you meet there?　　　そこで誰に会ったのですか？

Where does he go?　　　　　　彼はどこに行くのですか？

When is your birthday?　　　あなたの誕生日はいつですか？

Why are you so busy?　　　　なぜ、そんなに忙しいのですか？

Which girl is your daughter?　どの女の子があなたの娘ですか？

Whose pen is this?　　　　　これは誰のペンですか？

Whom is this book about?　　この本は誰について書かれたものですか？

How can we buy the tickets?　チケットはどうすれば買えますか？

疑問形にならない
疑問詞の使い方

S ⊃ V 疑問形にならない疑問詞の使い方① 「間接疑問文」

前項で「疑問詞は必ず文頭に置く」とお話ししました。

ここで気をつけたいのは、**疑問詞が文中に入る**「間接疑問文」です。

「私は、彼がどこに行くのかわかりません。」という文で、詳しく見てみましょう。

間違えやすいのが、次のような形です。

> ・私は、彼がどこに行くのかわかりません。
> × I don't know **where does he go?**
> ○ I don't know **where he goes.**

まず、先ほどお話しした「否定文と疑問文のルール」に照らし合わせてみます。

この文は、**疑問詞と don't（do not）が文頭にないため、否定文だと判断できます。**

「彼がどこに行くのか？」を質問しているわけではないので、「doの移動」は発生しません。

英語の場合、先頭に疑問詞や助動詞があるか否かで、疑問文かどうかを判断します。

そのため、**文の途中の疑問詞は肯定文として扱う**のが正しいということになります。

第1章
英語の基本構造

第2章
時制

第3章
動詞から派生した文法

第4章
コンビネーションから生まれた文法

第5章
間違えやすい英文法

s ⟳v 疑問形にならない疑問詞の使い方② 「**whoとwhat**が主語になる場合」

もう1つ、次のようなパターンもあります。

①**Who** runs the fastest?（**誰が**一番速く走れますか？）
②**What** happened?（**何が**起こったの？）

　この文をよく見てみると、「Do you〜?」や「Does she〜?」などのような疑問文の形をとっていません（doesやdidが入らないので動詞も原形にはなりません）。
　これは、一体、どうしてなのでしょうか？
　この文は、「Who（誰が）」「What（何が）」が、それぞれ主語になっています。
　通常の疑問詞を使った文の場合、次のように、疑問詞以外に主語があります。
　そのため、動詞を入れ替えた疑問文の形をとることができるのです。

Who did **you** meet there?（**あなたは**そこで**誰に**会いましたか？）

　ところが、「whoとwhatが主語になる場合」は、困ったことになってしまいます。
　例えば、「**Does who** run the fastest?」と、doesを文頭に置くと「疑問詞を先頭に置くルール」にぶつかってしまうのです。
　そこで、「**Who does** run the fastest?」にすると、doesの次に主語がないので、これはこれで違和感のある文になってしまいます。
　①②のような使い方は、このような葛藤を経て「**そのまま肯定文のような語順で疑問を投げかける**」という形で最終的に落ち着いたと考えられるのです。

なぜ、「5W1H」の中で Howの頭文字だけHなのか？

s つ v 「How」だけ「H」の謎

「8W1H（5W1H）」の中で、howの頭文字だけが「h」です。

how以外の疑問詞は、whatやwhoなど、すべて「wh」で始まります。

もし、howもwhから始まる単語であれば、「9W（6W）」のように、すっきりとしますよね。

s つ v 古英語の時代から「w」が省略されていた

「なぜ、howの頭文字だけがhなのか？」という疑問も、やはり英語の歴史から答えを導き出すことができます。

現在「wh」で始まる疑問詞は、古英語の時代は「hwat（何が）」「hwo（誰が）」「hwū（どのように）」と、すべて「hw」から始まる単語でした。

この綴りが変化するのは、ノルマン人が侵攻して形成された中英語の時代です。

ラテン語（フランス語）系の人々がブリテン島に流入してくると、古英語の綴りの一部で変更が発生しました。その中で「hwat」はwhat、「hwo」はwhoへと変わったのです。

もともと、フランス語などのラテン系の言語では、hを発音しませんでした。

そのため、hwatやhwoといった「hwで始まる疑問詞」が発音しにくかったのです。

そこで、wとhを入れ替え、whatやwhoと書くようになったというわけです（whenやwhichなど、他の疑問詞でも同様）。

　一方、現在のhowにあたる「hwū」は、古英語が定着する前の古いゲルマン語（Proto-Germanic）などに由来しています。

　古英語の時代には［hu:］と発音されており、当時からwが省略され「hū」という綴りに変わっていました。

　後にブリテン島に来たノルマン人は、やはりhを発音しないため、当初は「hū」を「ウー」のように発音していました。

　それが時代とともに「ハウ」のように変化していき、変化した発音に合わせて語尾にwをつけ「how」と書かれるようになったのです。

　このような名残は、現在の英語とフランス語の間でもよく見られます。

　例えば、「theater（映画館、シアター）」という単語は、フランス語では「theatre（テアトル）」と、「er」が「re」と逆転して書かれます。

　現在のニューヨークでも、「theatre」と看板に書かれている古い映画館があったり、日本でも「テアトル○○」という映画館があったりするのは、フランス語に由来しているのです。

図1-11　疑問詞は、「発音のしやすさ」で変化した

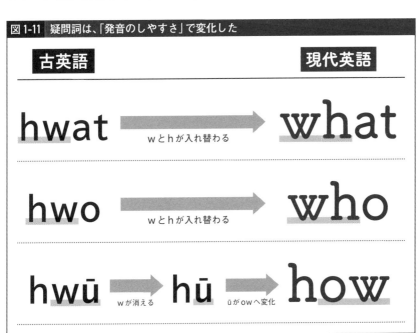

古英語		現代英語
hwat	wとhが入れ替わる →	what
hwo	wとhが入れ替わる →	who
hwū → hū →	wが消える　ūがowへ変化	how

命令文をめぐる
2つの謎

s ⊃v 命令文のルールを確認

　命令文は、「〜しなさい」と、相手に特定の動作を要求する文です。
主語を省略し、動詞を文頭に置いて使います。

〈肯定命令（〜しなさい）〉

（~~You~~）**Open** the window.（窓を開けなさい。）

〈否定命令（〜してはいけません）〉

（~~You~~）**Don't** (Do not) **open** the window.

　文の主語を省略するだけなので、使い方自体は簡単。通常はこれで終わ
りですが、「命令文のルール」には2つの謎が残されています。

s ⊃v なぜ主語がないのか？

　1つ目の謎は、「**なぜ命令文では主語を省略するのか？**」です。
　日本語の場合、主語をよく省略するので違和感はありませんが、英語の
場合は「主語を必ず入れることで、動詞の活用を最小限にした」という歴
史があります。それにもかかわらず、なぜ、命令文では主語が省略される
のでしょうか？
　まず、**命令文は目の前の人に限定した言葉だから**という理由があります。
目の前にいない人に向かって「窓を開けなさい。」と命令する人はいません。
つまり、誰に話をしているのかが明確なので、主語を省略しても伝わるの

です。主語を省略しない場合は、通常の肯定文や否定文と混同しやすい、という理由もあります。

第1章
英語の基本構造

第2章
時制

第3章
動詞から派生した文法

第4章
コンビネーションから生まれた文法

第5章
間違えやすい英文法

S ⊃V なぜ動詞の原形なのか？

もう1つの謎は、**「なぜ動詞の原形を使うのか？」**です。

さきほど「命令文は目の前の人に話す言葉」と説明しましたが、前提として主語は二人称であるため「三単現のs」はつきません。

そこで問題となるのは、**「なぜ現在形なのか？」**です。この謎については様々な学説があり、解釈が1つにまとまっていません。

1つの説としては、「時制があいまいだから」というものがあります。「窓を開けなさい」の場合、

①今すぐ開けることを相手に求めているため、時制は現在
②窓を開けるのは少し先だから、時制は未来

という2つの考え方があり、時制が曖昧です。そこで、**「時制が曖昧な場合は現在形にする」**と、"逃げ"として現在形になったという説があります。

これも1つの考え方ですが、じつは、それだけでは解決できない問題が残されています。それは、**「多くの言語で動詞の原形で話すと強い命令文になる」**という法則です。

例えば日本語で「さっさと窓を開ける！」や「ほら、すぐ来る！」などの口語表現が、より強い命令文として使われています。これは、スペイン語やイタリア語など、私が調べた限りほとんどの言語で共通しています。

この謎の答えとして、「言語の最も根本的な形は、原形である」という説もあります。人間以外の動物にも言語があるといわれていますが、そのほとんどには「今これをしろ」という、**今この瞬間の命令**しかない、という共通点があります。つまり、**命令形は言語の出発点であり、その名残が現代の私たちの言葉に残っている**と考えられるのです。

英語は「順番」が命

　疑問文の次は、より複雑な文を話すために必要な「**基本5文型**」について説明します。

　まず、基本5文型の「文型」とは、英語の文における<u>**「単語を並べる順番」**</u>のことです。

　「単語が並ぶ順番」を学ぶだけにもかかわらず、基本5文型を「難しい」と感じる人が多いようです。

　なぜ、日本人にとって基本5文型は難しいのでしょうか？

　じつは、基本5文型が難しく感じる最大の理由は、**「日本語が"助詞"を持つ極めて特殊な言語だから」**です。

　例えば、「彼はリンゴを食べた。」という文を見てみましょう。

　日本語の場合、次のように単語の順番を入れ替えたとしても意味は伝わります。

- リンゴを彼は食べた。
- 食べたリンゴを彼は。

　なぜ順番を入れ替えても意味が伝わるかというと、日本語には**助詞**があるからです。

　上の文の<u>**「～は」は主語を補助するもの**</u>で、<u>**「～を」は目的語を示すもの**</u>

です。

　つまり「～は」があるので、どこにあっても「彼は」が主語だとわかり、「～を」があるので「リンゴを」が目的語だとわかるのです。

　助詞があるため、日本語は順番を自由に入れ替えることができる言語なのです。

　このように「助詞」という機能が存在する言語は、私が調べた限りでは、希少言語を除くと日本語と韓国語くらいしかありません。

　じつは、日本語は、世界的に見て非常に珍しい言語と言えるのです。

第1章
英語の基本構造

第2章
時制

第3章
動詞から派生した文法

第4章
コンビネーションから生まれた文法

第5章
間違えやすい英文法

S ⊃V 英語は、「順番」ですべてが決まる

　では、なぜ英語には助詞が存在しないのに、主語や目的語がわかるのでしょうか？

　それは、「**英語は"単語の順番"で主語や目的語を決めている**」からです。

　英語で単語の順番を変えるとどうなるかを見てみましょう。

> He ate an apple.（彼はリンゴを食べた。）
> ①An apple ate him.（リンゴが彼を食べた。）→逆の意味になる
> ②Ate he an apple.（食べろ 彼は リンゴ。）→意味が伝わらない

　①では、単語の順番を入れ替えたことで、主語と述語も入れ替わり、逆の意味になりました。

　②では、動詞を文頭に持って来ることで命令文のようなニュアンスになったほか、heとan appleが何を指すのか判断ができなくなってしまいました。

　このように、「**英語は順番が命**」であり、順番が違うと意味はまったく伝わらなくなってしまうのです。

　この違いがあるため、日本人には基本5文型の習得が難しくなってしまうということなのです。

文型は、主語と述語を決めることから始まる

s⊃v 第1文型は「S + V」

ここから、基本5文型を1つずつ見てみましょう。

まず「**第1文型**」とは、次のような文を指します。

> **第1文型〈主語（S）＋述語（V）〉**
> 【例】I go.（私は行きます。）

第1文型は、英語の最も基本的な構成で、**1番目の単語を「主語」、2番目の単語を「述語」と認識する形の文**です。

日本語の場合は「〜は」や「〜を」があるため、順番はそれほど重要ではありません。しかし、英語の場合は助詞がないので、**順番で主語と述語を決める**というルールになっています。

第1文型は、英語の文をつくる最も基本的な形です。英文を考える上では**「最初に主語と述語を決めることがスタート」**だということが、この文型からおわかりいただけると思います。

s⊃v Vは、動詞ではなく「述語」

文型の解説では、**「S」は主語（subject）、「V」は述語（verb）**を指します。このverbとはラテン語の「verbum（言葉）」を由来とする言葉ですが、辞書を見ると「動詞」と訳されているため「V＝動詞」と誤解してしまう人が少なくありません。

ここで注意したいのが、**主語や述語というのは「文の中での役割」**を指

第1章
英語の基本構造

第2章
時制

第3章
動詞から
派生した文法

第4章
コンビネーション
から生まれた文法

第5章
間違えやすい
英文法

すもので、名詞や動詞のような「各単語の品詞」とは別の概念だというこ
とです。

　名詞や動詞、形容詞は、文中で使われる順番が変わっても、名詞、動詞、
形容詞であることに変わりはありません。

　一方、主語や述語などは、「文の中での役割」です。そのため、「主語」
と「動詞」は違った観点で見た場合の言葉ということなのです。

　わかりやすいイメージとしては、「英語教師のAさん」は、個で見たとき
は英語教師であり、家でも電車の中でも「本来の職業」は変わりません。

　しかし、レストランという場所に入ったら「お客さん」という立場に変
化します。つまり、「品詞」はその単語の本来の職業、「主語や述語」は、そ
の状況での立場というイメージなのです。

ｓ ▷ｖ ► 第2文型は「S＋V＋C」

　第2文型は、S＋Vの後の単語を「補語」と認識する形で、次のような
形の文で構成されます。

第2文型〈主語（S）＋述語（V）＋補語（C）〉

【例】①I am a student.（私は生徒です。）
　　　 S V 　　C〈補語〉

---

　　　②He is busy.（彼は忙しいです。）
　　　 S V 　C〈補語〉

　Cは、「Complement（～を補完する）」に由来し、主語（S）と述語
（V）の関係を説明する役割を担っています。

　例①は、「I am.（私はです。）」だけでは何を言いたい文なのかがわかり
ません。

そこで、補語として「a student」を加えて「I am **a student.**（私は**生徒**です。）」とすることで、意味のある文になります。

　例②の文も同様で、「He is.（彼はです。）」では、何を言いたいのかわかりません。「He is **busy.**（彼は**忙しい**です。）」とすることで、はじめて意図が伝わる文になります。

　第２文型の場合、「主語と補語が入れ替わっても意味が変わらない」という特徴があります。①では「生徒は私です。」、②では「忙しいのは彼です。」のように、主語と補語が同等の関係にあります。

ＳＯＶ 第３文型は、「S＋V＋O」

　第３文型は、述語の後の単語を「**目的語（O）**」と認識する形です。Oとは、「Object（対象）」に由来し、日本語での「〜に」や「〜を」に相当する語を配置します。

第３文型〈主語（S）＋述語（V）＋目的語（O）〉

【例】①I meet **her.**（私は**彼女**に会います。）
　　　 S 　V 　　**O（〜に）〈目的語〉**

---

　　　②He wants **a car.**（彼は**車**を欲しがっています。）
　　　 S 　　V 　　**O（〜を）〈目的語〉**

　実際に文をつくる際は、**述語の次に「〜に」「〜を」の意味で使いたい単語を置く**と覚えてください。

　第１〜第３文型を通して共通しているのが「**S（主語）とV（述語）が先**」という原則です。日本語の場合、「SがOにVする。」のように、主語と述語で目的語を挟む形が基本になります。この違いをしっかりと理解することで、「英語の順番」に混乱することはなくなるでしょう。

第1章
英語の基本構造

第2章
時制

第3章
動詞から
派生した文法

第4章
コンビネーション
から生まれた文法

第5章
間違えやすい
英文法

s⊃v▶ 第4文型は、「S＋V＋IO＋DO」

第4文型は、第3文型の発展型です。第3文型では、「彼は車を欲しがっています。」のように、目的語（O）が1つでした。

第4文型では、「私は彼女に指輪をあげる。」のように、「〜に」「〜を」にあたる**2つの目的語**が登場します。第4文型の順番は、次のとおりです。

> **第4文型〈主語（S）＋述語（V）＋間接目的語（IO）＋直接目的語（DO）〉**
> 【例】I give her　　a ring.（私は**彼女に**指輪をあげます。）
> 　　　S　V　**IO（〜に）　DO（〜を）**

まず、日本語でいうところの「〜に」にあたる目的語を「**間接目的語（Indirect Object、IO）**」、「〜を」にあたる目的語を「**直接目的語（Direct Object、DO）**」と区別して考えます。

次に、基本の「S＋V」の形の後ろに「IO＋DO」の順で並べ、「S＋V＋IO＋DO」の順にすると、第4文型の出来上がりです。

s⊃v▶ 英語は「重要度」で順番が決まる

ここで、「なぜ、同じ目的語なのに、間接目的語が先にくるのか？」という疑問を抱く人がいるかもしれません。説得力のある見解としては、「間接目的語のほうを重視しているから」というものがあります。

英語には「主語と述語が先」の原則からわかるように、「先に出した単語がより重要」という隠れニュアンスがあります。

第4文型では、先ほどの「私は彼女に指輪をあげます。」という文のように、間接目的語に人物が入り、直接目的語にモノが入る場面が多い傾向があり、人物が入ることの多い間接目的語のほうを先に出すというルールになったのではないか、と言われています。

s つ v 目的語の入れ替えは「前置詞」を目印にする

　第4文型の「SV＋IO＋DO」の順番は、「間接目的語（IO）のほうが重要だから先に出すというルール」と説明しました。しかし、文によっては「直接目的語（DO）」のほうを重要視したい場面も少なくありません。

　例えば、「彼女に何をあげるの？」という質問に答えるときは、「私は**指輪**を彼女にあげます。」と、指輪を強調して返答したいところです。

　ところが、強調したいほうを単純に前に配置して、以下のような文にすると、大きな誤解を与えてしまうことになります。

　×　I give **a ring** her.（私は**指輪**に彼女をあげます。）
　　　S　V　　**DO　IO**

第4文型では、順番によって自動的にIOとDOが決まります。

　そのため、上のように順番を入れ替えると「指輪に彼女をあげる」という文になってしまうのです。

　そこで、次のように前置詞を置いて「IOとDOを入れ替え、DOを強調した文」にします。**IOとDOの間に配置した「to」は、「目的語を入れ替えた」という目印の働きをしている**のです。

　I give　her　a ring.（私は**彼女に**指輪をあげます。）

　I give　**a ring**　to　her.（私は**指輪を**彼女にあげます。）
　　　　　　　　　　（前置詞）

　このように、IOとDOを入れ替えて前置詞を置くと、第4文型ではなく第3文型（S＋V＋O）という扱いになります。

s つv 第4文型→第3文型の「to」と「for」の使い分け

第4文型→第3文型の間接目的語（IO）の前には、「to」のほかに「for」を使うケースもあります。

【例】

①私は指輪を彼女にあげます。

I **give** a ring **to** her.（lend ／ send ／ tell ／ show）

②私は指輪を彼女に買います。

I **buy** a ring **for** her.（make ／ cook ／ get ／ produce）

この使い分けは、英語の試験などでよく問われるほか、日常会話でもよく登場します。

英語ができる人でも、はっきりとした区別がわからずに感覚で使っている場合も少なくありません。

区別の仕方ですが、toを置く単語と、forを置く単語を見比べると、なんとなく共通点がわかると思います。

①to ➡「相手がいないとできない動詞」で使う。
②for ➡「独りでもできる動詞」で使う。

①の動詞をよく見てみましょう。

give（渡す）、send（送る）、tell（伝える）、show（見せる）などの動詞は、**「相手に向かって行う」**という方向性があります。

前置詞toは、「I go to Tokyo.（私は東京に行きます。）」のように、ある方向に向かうというニュアンスがあるので、これらの動詞にtoが使われるのです。

②の動詞は、buy（買う）、make（つくる）、cook（料理をする）、get（入手する）など、**相手がいなくても完了できる行為**です。

「彼女に指輪を買う」という行為は、そこに相手がいなくても行うことができます。

「彼女に指輪をつくる」という行為も、つくるだけであれば相手がいなくてもできます。

意味としては「〜のために○をする」というニュアンスで、直接何かを渡すような「to」を使う動詞と違い、方向性の概念はありません。

s▸v 第5文型は、「S＋V＋O＋C」

最後の第5文型は、次のような形です。

【例】

①私は、うちの猫をウメと名づけました。

I named my cat Ume.

---

②私は、自分の妻を幸せにしたいです。

I want to make my wife happy.

この文がどうなっているかというと、次のような順番になっています。

第5文型

〈主語（S）＋述語（V）＋目的語（O）＋補語（C）〉

①の文の場合、「my cat（うちの猫を）」という目的語（O）になっています。

「私はうちの猫を名づけました。」という意味です。このままでは「何という名前をつけたのか」まではわかりません。

そこで、目的語の後ろに「何という名前にしたのか」を示す「補語（C）」をつけて意味を補完すると、第5文型という形になります。

補語は、第2文型でお話ししたとおり、「私は〜です。」の「〜」に相当する語です。

じつは、目的語（O）と補語（C）には、下記のような秘密の関係があります。

I named **my cat** **Ume**. → **My cat** **is** **Ume**.
　　　　 O　 (be) C 　　 S 　 V 　 C

つまり、目的語（O）にあたる「my cat」と補語（C）にあたる「Ume」は、be動詞でつなげると、「S＋V＋C」の第2文型の関係が成立するという性質があるのです。

「私はうちの猫をウメと名づけました。」という文と「うちの猫はウメです。」は、意味的にもつながります。

②の文でも、同様のことが言えます。

I want to make **my wife** **happy**. → **My wife** **will be** **happy**.
　　　　　　　　 O　 (be) C　　　 S 　　 V 　　 C

ここでは、「私は妻を幸せにしたいです。」という文なので、未来形を指す「will be」が適切ですが、「妻が幸せになる。」という文として成立します。

初級者の方にとって第5文型の文は、実際の英会話などではあまり登場しない、少し特殊な文型ではあるものの、突然出てきたときに戸惑わないように頭に入れておきましょう。

「a／an」を使う場面は2つだけ！

s⊃v▶ 「a／an」は、近代英語の時代から登場

　次は、「冠詞」についてお話しします。冠詞は、名詞の前につけるa、an、theのことを指します。

> This is **a** pen.（これは1つのペンです。）
> I eat **an** apple every morning.（私は毎朝リンゴを1つ食べます。）
> **The** light is on.（そのライトはついています。）

　じつは、冠詞の中で「**不定冠詞**」と呼ばれる「a／an」は、古英語から近代英語にいたるまで、ほとんど使われていませんでした。

　というのも、英語の語源にあたるラテン語やゲルマン語、インド系の言葉などには、「名詞にa／anをつける」という習慣自体がなかったのです。「a／an」が英語に登場するのは、18世紀前後からです。

s⊃v▶ 「a／an」の使い方

　a／anは、「**1つの～**」**という意味**です。ただし、誤解を招きやすいので注意が必要です。

　使い方の原則は、「**a＋可算名詞の単数形**」です。「a pen（1つのペン）」のように、**数えられる名詞が1つのときに、その名詞の前にa／anを置きます。**

　逆に、数えられない名詞には、a／anはつけません。例えば、「water（水）」のような液体は数えられない名詞なので「a water」のような言い

第1章
英語の基本構造

第2章
時制

第3章
動詞から
派生した文法

第4章
コンビネーション
から生まれた文法

第5章
間違えやすい
英文法

方はしません。

　また、この世に１つしかないものも、数えようがないのでa／anはつけ
ません。例えば「Mt. Fuji（富士山）」は、世界に１つしかないのでa／
anはつけないのです。

　富士山の他にも、世界に１人しかいない「人物」や、「サッカー」などの
スポーツの名前なども、同じものが複数あるわけではないので、a／anを
つけません。

Ⓢ Ⓥ 「a／an」の隠れニュアンス①「たくさんある中の１つ」

　しかし、「１つの」という概念だけに囚われてしまうと、a／anを使う
ときにネイティブと微妙なニュアンスのすれ違いが生じてしまいます。

　なぜなら、**ネイティブがa／anという言葉を聞いたときには、「１つの」
以外の隠れニュアンスを読み取る**からです。

　a／anには、「**（この世にたくさんある中の）１つ→どれでもよい！**」と
いう隠れニュアンスがあるのです。

①たくさんある中の１つ

I saw **a** cat.（私は**１匹の**猫を見ました。）

　この場合、「ある特定の猫のことを指しているのではない、この世にたく
さんいる中の不特定の猫を見た」というニュアンスになります。

　その他にも、このように不特定のものを指す場面は頻繁に登場します。

Please pick **a** pen.
（[どれでもいいので、] ペンを**１本**、手に取ってください。）

　この場合の「a pen」は、例えばペン立てに何本かペンがあったとき、
「この中から、（なんでもいいので）ペン１つを手に取ってください」とい

うニュアンスになります。

　a／anを指す「不定冠詞」という言葉は、この何かを特定しないニュアンスから名づけられているのです。

s◯v 「a／an」の隠れニュアンス② 「まるまる1つ」

　a／anには、もう1つ次のような隠れニュアンスがあります。

②（まるまる）1つ

I ate **an** apple.
（私はリンゴを**まるまる1つ**食べました。）

　この場合、「リンゴを1切れ食べた」ではなく、「リンゴをまるまる1つ食べた」という意味になります。

　使い方自体は、そこまで難しくありません。しかし、次の文のように、ニュアンスのズレが発生しやすいため注意が必要です。

I ate **a** pork.（私は豚を**まるまる1頭分食べました。**）

　日本語の場合、「豚肉を食べた」とだけ言っても、「豚1頭を食べた」と受け取る人はまずいないでしょう。

　ところが、a／anには「（まるまる）1つ」という隠れニュアンスがあるため、まったく違った意味の文になってしまうのです。

　他にも、牛肉（beef）やスイカ（watermelon）などのように、一度にまるまる食べることがないものについては、「a slice of ～（1切れ）」などをつけることで、正しいニュアンスで伝えられます。

I ate **a slice of** pork.（私は豚肉を**1枚**食べました。）

第1章
英語の基本構造

第2章
時制

第3章
動詞から派生した文法

第4章
コンビネーションから生まれた文法

第5章
間違えやすい英文法

図1-12 英語の数の数え方

数え方	和訳	数え方	和訳
a bag of 〜	一袋の〜	a glass of 〜	コップ一杯分の〜
a bottle of 〜	ボトル一本の〜	a head of 〜	一株の〜
a bunch of 〜	一束の〜	a pair of 〜	一対の〜
a bowl of 〜	ボウル（お椀）一杯分の〜	a piece of 〜	一切れの／〜から切り出した一部の
a cup of 〜	カップ一杯分の〜	a slice of 〜	一切れの〜／〜の切片
a couple of 〜	一対の〜	a scoop of 〜	一すくい分の〜
a can of 〜	一缶の〜	a spoonful of 〜	スプーンいっぱいの〜

英語で量を伝えたいときは、上記のような言い方ができる。
「2つの〜」としたいときは「two bottles of water（ボトル2本分の水）」のように、
「a」を数にし、単位となる単語を複数形にする。

このように、ある程度はっきりとした量を伝えるときには「a 〜 of」という言い方がよく使われます。

I want **a cup of** tea.（私は**1杯**の紅茶が欲しいです。）
I bought **a pair of** shoes.（私は**1組**の靴を買いました。）

逆に、「1頭分の」というニュアンスをあえて使う場合は、a pork でも違和感なく伝わります。

I bought **a** pork.（私は**1頭分**の豚肉を買いました。）
I eat **a** pork in a year.（私は年間で**1頭分**の豚肉を食べます。）

「まるまる1つ」のa／anは、一緒に使う名詞に加えて、その状況に合っているか、ということも踏まえて使う必要があるのです。

S V 「a／an」を使う場面は、2パターンだけ！

例外として、「〜という」の隠れニュアンスを出す際、ごくまれに人物に a／an を使うことがあります。

A Mike came here.（マイクという人がここに来ました。）

もともと、人物に a はつけないものの、よく知らない人であることを強調するような場合に、a をつけることもあります。

一般的に、不定冠詞の a／an を使う場面は、**可算名詞の単数形について①の「この世にたくさんある中の１つ」と②の「まるまる１つ」の２パターンのみ**と覚えておきましょう。

S V 「an」にする場合

もう１つ、「a／an」を使う上で、「どのような場合に an にするのか？」という問題があります。

よく言われるのが「母音から始まる単語の前につく場合は an にする」というものです。

英語で母音を指すアルファベットには「a、e、i、o、u」などがありますが、じつは、**最初の文字が母音の単語すべてに an をつける、というの**

は間違いです。

実際の例を見てみましょう。

第1章
英語の基本構造

第2章
時制

第3章
動詞から派生した文法

第4章
コンビネーションから生まれた文法

第5章
間違えやすい英文法

【anがつく単語と、間違えやすい単語例】

○ **an** apple［アップル］リンゴ

○ **an** orange can［オレンジ］オレンジ色の缶

× **a** ~~an~~ university［ユニヴァーシティー］大学

× **a** ~~an~~ unique idea［ユニーク アイディア］ユニークなアイデア

× **an** ~~a~~ FBI officer［エフビーアイ オフィサー］FBI捜査官

まず、appleやorange canは、anで納得する人も多いでしょう。

aかanは、直後の単語によって決まるため、orange canの場合、can
だけではa canですが、orangeが先にあるのでanに変わります。

次からが問題で、universityやunique ideaなどの場合、anをつける
のは間違いです。

なぜかというと、**「発音が母音で始まる単語」すべてにanをつける**とい
うのが、本当のルールだからです。

これは、**「a apple」のように、「a（ア）」の発音が次の単語の母音と被
ってしまうと、「アアップル」のように重なってしまい、言いにくいため
「an（アン）apple（アップル）」として発音しやすくした**、というのが
起源だと言われています。

したがって、universityやuniqueなど、子音から始まる単語は、an
にする必要がないので、そのままaをつけるのが正解です。

また、特殊な例ですが「FBI捜査官」を指すFBI officerは、「F（エ
フ）」と［e］の母音から始まるため、anがつきます。

「最初の文字が母音の単語」と覚えてしまうと、このようなケースで間違
いの種になってしまうので注意が必要です。

「the」の訳は
「その〜」だけではない！

S ⊃ V 「the」の使い方

　a／anの不定冠詞の次は、**定冠詞**と呼ばれるtheについて解説します。

　学校の授業で、「the＝その〜」という和訳を教わった人が多いと思います。しかし、「その〜」という和訳だけだと、ネイティブが違和感を抱く使い方になってしまうことがあるのです。

　なぜそのような誤解が生まれるかと言うと、**theにも「その〜」以外の隠れニュアンスがある**からです。

S ⊃ V 「the」の使い方①「例の〜」

　theのよくある使われ方は、次のような場合です。

①例の〜（その／あの／みんな知っている〜）
Do you know **the** ruins in Egypt?
（エジプトにある、例の遺跡知っている？）

　このように聞かれたら、ほとんどの人は「ピラミッドのことだろう」と、すぐに理解できます。

　エジプト関連で言えば、「ナイル川」も同様です。「ナイル」と言えば、「ナイル川のことだ」と多くの人が認識できるので、「the Nile」だけで表記するのが一般的です。

　ナイル川ほど認知されていない川でも、その地域の人々が利用している川であれば、その地域の中ではtheをつけることができるでしょう。

しかし、その地域以外の人と話すときは、the をつけると混乱を招く可能性があります。

つまり、この the の使い方は、話し手と聞き手の主観によって決まる部分があるということなのです。このように、**話し手と聞き手がどちらも知っていることを指す場合に the が使われます。**

ここで、「the と that の違いは何か？」という疑問を持つ人がいると思います。

that も「その／あの」という場面で使いますが、単独で主語として使う場合は指示代名詞、that book のように使う場合は指示形容詞と言われます。「指示」という言葉からもわかるように **「指を指し示して使う」のが that** です。

That is my favorite cup. （**あれは、私のお気に入りのカップです。**）
Can you pass me **that** book? （**その本を取ってもらえますか？**）

このように、that の場合は対象を指で指して相手に見せられる状況のときに使われます。

一方で、the の場合は、指で指し示すのではなく、知識としてお互いに知っていることが前提の場合に使われます。

Is **the** story true?
（[前に話題にあがっていた] あの話、本当ですか？）

この場合、話し相手が「the story」について、何の話なのかを知っていることが前提です。

この前提を飛ばして「the story」と突然言ってしまうと、相手は「えっ、何の話？」と驚いてしまうことになるので、the を使うときは「共通の理解」があるかに気をつけましょう。

次も「共通の理解」に通じます。theをつけたものを、すぐに聞き手が理解できる場合です。

②当然のもの

Open **the** door.（ドアを開けてください。）

目の前にドアがある場合にこう言われて、自分の家に帰って自宅のドアを開けようと考える人はいないでしょう。また、あえてそれを指で指す必要もありません。誰でも、目の前のドアを開けてほしいことがすぐに理解できます。②の使い方も、基本的には①の使い方の延長線上の用法と言えるでしょう。

この２つの他にも、「the Simpsons（シンプソン一家）」など、「家族のthe（～さん一家）」を示すための使い方もあります。

S⊃V ｢the」の発音のルール

theの使い方について、もう１つ「発音の変化」も知っておく必要があります。

図1-14　theの発音の仕方は２種類

【ジィ】母音の発音で始まる単語の前に置く場合

the apple	あのリンゴ
the orange can	あのオレンジ色の缶
the FBI officer	あのFBI捜査官

【ザ】子音の発音で始まる単語の前に置く場合

the university	あの大学
the unique idea	あのユニークなアイデア

---

theの使い分けのルールは、aとanの使い分けに近いので、おそらく理解しやすいと思います。

母音の発音で始まる単語の前に置く場合は【ジィ】と発音し、**子音の発音で始まる単語の前に置く場合は【ザ】**と発音します。

また、「FBI officer（FBI捜査官）」のように、母音の発音で始まるアルファベットの略称の前に冠詞を入れる場合も注意しましょう。

この場合もやはり、a／anのときと同じように、母音扱いで【ジィ】と発音します。

S ⊃V 「the」の例外的な使い方

発音の例外として、通常は【ザ】と発音する場合でも、①「例の」という隠れニュアンスを特に強調する場面ではあえて【ジィ】と発音することがあります。

> Didn't you go to **the** Tokyo Tower?
> （**あの**東京タワーに行かなかったんですか？）

「Tokyo Tower（東京タワー）」は、唯一のモノですから、基本的にtheをつける必要がありません。

しかし、「有名な場所なのに行っていないの！？」という驚きの意味を含めて、あえてルールを無視して、「the Tokyo Tower（ジィ・トーキョー・タワー」と話すケースもあります。

このように、theには例外的な使い方がいくつかあるものの、日常会話においては、基本的に①「例の」②「当然のもの」の2パターンを押さえておけば問題はありません。

前置詞が必要なとき、不要なとき

s ⊃ v 前置詞とは何か？

前置詞と言うと、in、on、with、forなどが思い浮かぶと思います。**日常会話でよく使う前置詞は、大体10〜12個程度**です。

ニュースや書籍など、日常会話以外の場面まで広げると、78個程度の前置詞が使われています。

今では古くなって滅多に使われないものまで入れると129個と、現代英語の世界でも多種多様な前置詞が存在しています。

「100個の前置詞なんて、とても覚えられない！」と思うかもしれませんが、心配は無用です。そこまで覚える必要はありません。

日常生活の範囲では、基本的な前置詞を押さえておくだけで十分と言えるでしょう。

s ⊃ v 前置詞は「名詞の前に置く言葉」

そもそも前置詞とは、その漢字が指す通り「前に置く言葉」です。ただし、それだけでは少し言葉足らずです。

何の前に置くのかと言えば、「名詞」です。つまり、**「名詞の前に置く言葉」**が、前置詞の本当の定義になります。

実際の文の中では、**「前置詞＋名詞」**の形で使います。

s ⊃ v 前置詞は「目的語」に使う

前置詞を使う上で知っておきたいのが、人物に対して使う場合です。

次ページの図のように、人物の前に前置詞を置く場合、with me（私と）、

for him（彼のために）のように、人物が「目的格」という形に変化します。

では、なぜ前置詞の後ろは目的格となるのでしょうか？

第3文型で、「I meet her.（彼女に会います。）」という文がありました。

このときのherは、meet（会う）という動詞の目的語（～に）となっているため、目的格としてherに変化しています。

前置詞を使った文型と言えば、前述の第4文型の目的語が入れ替わる形があります。

> I bought **her** a ring.（私は**彼女に**指輪を買いました。）
> →I bought a ring **for her**.（私は指輪を**彼女のために**買いました。）

通常の第4文型の目的語を入れ替える際は、間接目的語のherに前置詞をつけて目印にします。

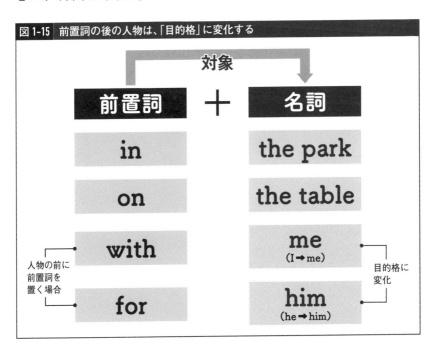

図 1-15　前置詞の後の人物は、「目的格」に変化する

s ⊃v▸ until (till) と by の使い分け

in や on などの前置詞については、そこまで神経質になる必要はありません。

ただ、中には意味が似ていて使い分けが難しいものもあります。

例えば、until（till）と by の場合、どちらも「〜まで」と和訳されるので、混同しがちです。

では、ネイティブはどうやって両者を使い分けているかと言うと、和訳では省略されやすい隠れニュアンスによってです。厳密には、until（till）は「〜までずっと」という**継続**の意味で使われます。

一方、by は、「〜までには」という**期限**の意味で使われます。

I slept **until (till)** afternoon.（午後まで**ずっと**寝ていました。）
I usually leave home **by** 7 a.m.（普段、朝の7時**までには**家を出ます。）

s ⊃v▸「to」と「toward」の使い分け

次に紛らわしいのが to と toward です。両方とも「〜に」と訳されるため、違いがわかりにくい単語です。

to の場合、「**〜を目的地に**」という隠れニュアンスがあります。一方、toward は「**〜の方面に**」という意味を表します。

I go **to** Tokyo.（私は東京に行きます。）
I go **toward** Tokyo.（私は**東京の方面**に向かいます。）

to の場合、「東京が目的地」ですが、toward のほうは「どの方向か」についてより曖昧に語っています。横浜や千葉、埼玉が目的地である可能性も含んでいるのです。

SゝV◦ 「below」と「under」の使い分け

日常生活でよく登場するbelowとunderも、「〜の下に」と訳されるので、使い分けが難しい前置詞です。**belowが「〜の下のほうに」と位置をやんわりと示すニュアンス**なのに対し、**underは「〜の真下に」と、より限定した言い方**なのが特徴です。

> There is a cat **below** the table.
> There is a cat **under** the table.

どちらも「猫がテーブルの下にいます。」という文ですが、below the tableの場合は位置が曖昧で「テーブルの脚の横」くらいに猫がいる可能性もあります。under the tableの場合は、テーブルの下に潜り込んでいるようなニュアンスで伝わります。

SゝV◦ 「between〜」と「among〜」の使い分け

betweenとamong（〜の間に）の違いは、学校のテストでもよく出題されます。betweenの場合、**「（2つのモノ）の間に」**というニュアンスで、amongは、**「（3つ以上のモノ）の間に」**という使い分けがされています。2者間以外であれば、3人でも100人でもamongが使われます。

> This is the secret **between** you **and** me.
> （これは君と私の間の秘密です。）
> This is the secret **among** my classmates.
> （これは私のクラスメイトの間での秘密です。）

一見すると同じ「〜の間に」ですが、隠れニュアンスを理解しないと使い間違いをしやすいので注意が必要です。

s ○v 「from」の隠れニュアンスに注意！

「前置詞の隠れニュアンス」の中でも気をつけたいのが、会話でもよく登場する from です。

from といえば、一般的に「〜から」という意味で教わると思います。この意味でもたいていは通じるのですが、「〜から」だけで理解していると、対応できない場面があるのです。

じつは、from には、日本人にはちょっとピンとこない、次のような隠れニュアンスがあります。

from の隠れニュアンス：〜から（離れる）

大学入試などで、「prevent from 構文」と呼ばれる問題としてよく登場する、以下の表現があります。

Your opinion is different from mine.

be different from は、中学校で「〜とは異なる」という意味でよく習うフレーズです。しかし、「from：〜から」というニュアンスで直訳すると、「あなたの意見は、私からは違っている。」となります。意味はわかりますが、少し違和感のある文です。

なぜ、different に対して from なのかというと、**from には「〜から離れる」**というニュアンスが隠れているからです。

つまり、本来のニュアンスでは**「あなたと私の意見は違っていて、離れている。」**のような雰囲気を持つのです。

from の隠れニュアンスは、日本語にない概念なので、和訳するのはほぼ不可能です。日本語としては違和感のある文になってしまいます。そのため、通常は意訳で「あなたの意見は私と違います。」としているのです。

また、differentのように中学校で習うフレーズとしては、以下の例もあります。

第1章
英語の基本構造

第2章
時制

第3章
動詞から
派生した文法

第4章
コンビネーション
から生まれた文法

第5章
間違えやすい
英文法

He **is absent from** school.

be absent fromは、「〜を欠席する」という意味でよく登場するフレーズですが、fromを「〜から」と訳すと「学校から欠席する」と、少し変な和訳になってしまいます。

隠れニュアンスにしたがって訳せば、「彼は学校を欠席して、学校から遠ざかっています。（＝学校を欠席して別のところにいます。）」となり、これを意訳して「学校を欠席しています。」としているわけです。

S ⌒V 「about」の隠れニュアンス

よく使う前置詞の隠れニュアンスで、もう1つ知っておきたいのが「about」（〜について／約〜）です。

①Let's talk **about** this book. （この本**について**話しましょう。）
②There are **about** 20 people. （**約**20人がいます。）
③walk **about**〜 （〜を歩き回る）
④come **about**〜 （〜を旋回する）

なぜ「〜について」と「約」が同じaboutかというと、隠れニュアンスとして「〜辺り」を含んでいるからです。①の場合、「この本あたりの話をしよう」から転じて「〜について」という意味になっています。

同様に、②では「20人辺り」から「約」の意味に、③では「〜の辺りを歩く」で「歩き回る」という意味が成立します。

④come aboutの「旋回する」は、船などが「〜の辺りを巡って近づく」というニュアンスになっているのです。

接続詞の後ろには
カンマをつけない

s v 接続詞は、どんな言葉？

　接続詞を改めて定義してみると、**「文と文をつなぐ言葉」**ということになります。

　では、ここでいう「文」が何を指すかと言えば、**「主語と述語のワンセット」**のことです。

　「主語と述語のワンセット」を**節**と呼び、次のように使います。

〈原則〉接続詞＋主語＋述語＋α

I didn't know that he went out.

　　　　　　　　that節

（私は、**彼が外出した**のを知りませんでした。）

　上の例では、「I didn't know（私は知りませんでした）」と「he went（彼は行った）」の2つの主語と述語のセットをthatがつないでいます。

　このthat以下の主語述語のセットが、受験の世界でよく耳にする「**that節**」と呼ばれるものです。

s v 文頭の接続詞をカンマで切るのはNG

　接続詞を使うときに間違えやすいのが、接続詞のすぐ後にカンマを入れてしまうことです。

　次の文を見てください。

そして、彼女は立ち去りました。
× **And,** she left here.
○ And she left here.

しかし、私は彼に会いに行きました。
× **But,** I went to see him.
○ But I went to see him.

　日本語の場合、「そして」や「しかし」の後に読点を入れる習慣があることから、上の文にも、つい文頭の接続詞の後に「, （カンマ）」を入れてしまいがちです。

　しかし、**英語の場合、カンマが打たれると文の意味が切れてしまうので、接続詞の後ろにカンマをつけない**のがルールです。

　正しい接続詞の使い方は、上の例のようにカンマを打たずに、節を続けて書きます。

　ただし、例外として、however（しかしながら）やtherefore（それゆえ）があります。

However, this will not be right.
（**しかしながら、これは正しくありません。**）

Therefore, this is right.
（**それゆえ、これは正しいです。**）

　なぜ、この２つにカンマを打つかというと、**however や therefore が副詞から発生した単語**だからです。意味的には接続詞に近いのですが、これはあくまで例外だと考えておいてください。

⬛s⬛つ⬛v▶ 接続詞を置くのは前？ それとも後ろ？

接続詞の使い方で迷いやすいのが、「接続詞を文頭に置くか、文中に入れるか」という問題です。

次のような場合、どちらの使い方が正しいでしょうか？

> もし君が欲しいなら、この本をあげるよ。
> ①If **you want**, I will give you this book.
> ②I will give you this book(,) **if you want**.

結論から言うと、文頭でも文中でも、どちらでもかまいません。

では、どのように使い分ければよいかと言うと、英語の隠れニュアンスがポイントになります。

つまり、「**強調したいほうを前に置く**」のです。

①では「君が欲しいなら」と、相手の希望を聞くニュアンスが強く出ます。一方、②では、「この本をあげるよ」と、自分の「あげたい」という意志が強調されたニュアンスになります。

⬛s⬛つ⬛v▶ 接続詞で文をつなぐときの「,（カンマ）」の使い方

もう1つ、使い方の問題としては「,（カンマ）をどこに置くか？」があります。

> 私が家に帰ってきたとき、母は寝ていました。
> ①When I came home, my mother was sleeping.
> ②My mother was sleeping(,) when I came home.

じつは、②の場合は「つけてもつけなくてもよい」というのが正解です。

①の場合、カンマで区切ることによって文のつながりがわかりやすくな

第1章
英語の基本構造

第2章
時制

第3章
動詞から
派生した文法

第4章
コンビネーション
から生まれた文法

第5章
間違えやすい
英文法

るため、カンマをつけるのが一般的です。

②では、whenによって文の切れ目がわかりやすいため、つける人もいれば省略する人も少なくありません。

⟨S⟩⟨V⟩ 間違えやすい接続詞：「〜の間」の使い方

接続詞関連の問題でよく登場するのが、同じ「〜の間」という意味のwhileとduringの使い分けです。

私は東京滞在中、東京スカイツリーに行きました。

I went to TOKYO SKYTREE **while I stayed** in Tokyo.
　　　　　　　　　　　　　　　⟨接⟩⟨主⟩ ⟨述⟩

I went to TOKYO SKYTREE **during my stay** in Tokyo.
　　　　　　　　　　　　　　　⟨前⟩　　 ⟨名⟩

ここで紛らわしいのが、**duringが前置詞**で、**whileが接続詞**だという違いです。

先に説明したとおり、**接続詞の後は必ず節（主語と述語のセット）**となるのが原則です。そのため、whileの後にはI stayed in Tokyoと、節が続きます。

一方のduringは、接続詞ではなく前置詞であることに注意しましょう。

前置詞とは「名詞の前に置く言葉」なので、my stay（私の滞在）と名詞を続けるのが正解です。

英語ネイティブではない人の中には、「while my stay」と、混同して使う人が多いようです。私自身も、通訳の仕事で何度か遭遇したことがあります。

実際には、while my stayとしても意味は通じますが、ネイティブにとっては違和感のある表現なので気をつけたいところです。

形容詞は「名詞」を説明する言葉

S つ V▶ 意外と知らない「形容」の定義

　形容詞は、日本語でもおなじみの文法用語です。

　ただ、改めて「形容する」とはどういうことなのかと聞かれると、明確に答えられる人は意外と少ないのではないでしょうか。

　そこで、まずは、そもそも「形容する」とは何か、ということから説明を始めたいと思います。

　まず、「花」という言葉があったとします。

　単に「花」と言うだけでは、聞き手に「どんな花なのか」という情報が伝わりません。

　そこで「美しい」という形容詞をつけて「美しい花」と表現します。

　すると、聞き手には「醜い花、ではなく美しいのか！」と、より詳しい情報が伝わります。

美しい→花

　このように、**「詳しく説明する」**というのが、わかりやすい意味での「形容」の定義です。

　つまり、**「形容→説明」**と言い換えてもよいでしょう。

S つ V▶「形容詞」が説明するのは名詞

　では、形容詞は何を説明する言葉なのでしょうか？

　次の例で考えてみましょう。

a **cute** and **lovely** cat（かわいくて愛らしい猫）

cute と lovely が、それぞれ cat（猫）の様子を説明しています。

つまり、**形容詞は「名詞」を説明する言葉**といえます。

s ⊃ v 「形容詞」は、なぜ be 動詞と一緒に使うのか？

それでは、もう少し踏み込んで、次の謎を考えてみましょう。

「なぜ、形容詞は、be 動詞と一緒に使うのか？」

決定的な学説はありませんが、私は **「時制を補うため」** という説が有力だと考えています。

例えば、「He a brave man（彼、勇敢な男）」と、be 動詞が抜けた場合を考えてみます。

たしかに、これだけでも意味は伝わります。

ただ、決定的な **「時制」** という概念が抜けており、聞き手は以下のように判断に困ってしまうのです。

```
        be動詞
        (will be)                    彼は勇敢な男になるでしょう。

He      (is)      a brave man.      彼は勇敢な男です。

        (was)                        彼は勇敢な男でした。
```

つまり、静的な動作を示す be 動詞を使うことで、「彼＝勇敢」という意味を変えずに、時制を決めることができるということなのです。

副詞は
「動詞」を説明する言葉

s ⊃v▶ そもそも「副詞」って何？

　形容詞の次は、**副詞**についてお話しします。

　形容詞と副詞は、まったくの別物ではあるものの、使い方が似ているので、両者を対比させて学ぶと理解しやすくなります。

　まずは、「副詞とは、そもそも何なのか？」について説明します。

　次の例文を見てください。

> He plays the guitar **well**. （彼はギターを上手に弾きます。）

　well（上手に）が副詞です。これは「plays the guitar（ギターを弾く）」を説明しています。つまり、**副詞は動詞を説明する言葉**です。

　形容詞と混同しやすいですが、**「形容詞は名詞、副詞は動詞」を説明する言葉**という違いがあります。

s ⊃v▶ 「副詞」の由来

　形容詞は、「形容（説明）する言葉」という意味として、ある程度の納得感があります。

　しかし、副詞の場合、なぜ副詞という名前になったのかが少しわかりにくいかもしれません。

　「副詞」という言葉は、英語で「adverb」といいます。分解すると、adとverb（動詞）に分けることができます。

　adはadd（加える）に由来するため、「adverb」を直訳すると、**「動詞**

に副<ruby>副<rt>そ</rt></ruby>えるもの」になります。「**副詞**」という名前は、そのままの意味だったというわけです。

<ruby>S<rt></rt></ruby> <ruby>V<rt></rt></ruby> 「副詞」と「形容詞」の見分け方

先ほどの文で、「plays well（うまく弾く）」という表現が出てきましたが、「wellとgoodの違いがわからない」という声をよく耳にします。

次のようにwellは副詞なので動詞を説明する、goodは形容詞なので名詞を説明する、という違いがあります。

> 【副】He **plays** the guitar **well**.（彼はギターを**上手に弾きます**。）
> 【形】He is a **good guitarist**.（彼は**良いギタリスト**です。）

特に見分けづらいのが「fast（速い、速く）」で、じつは**形容詞にも副詞にもなれる単語**です。

> 【副】He **runs fast**.（彼は**速く走ります**。）
> 【形】He is a **fast runner**.（彼は**速い走者**です。）

両方とも形が変わらないので見分けるのが大変ですが、ここでも「何を説明しているか？」がポイントになります。

形容詞の場合は名詞、副詞の場合は動詞にかかることに注意すれば見分けることができます。

wellやfastのような例もあるのですべてではありませんが、次のように**「形容詞＋ly」で副詞となるパターン**もあります。

> 【形】This light is **bright**.（この照明は**明るい**です。）
> 【副】This light shines **brightly**.（この照明は**明るく光ります**。）

s v 「here、there、home、abroad」に、前置詞がつかない理由

　副詞に関わるもう1つの疑問に、「here、there、home、abroadには、なぜ前置詞がつかないのか？」があります。

　どういうことなのか、例文と一緒に見てみましょう。

①Come ~~[to]~~ here at once.（すぐにここに来てください。）
　　　　 ～に

②I hid myself ~~[in]~~ there.（そこに隠れました。）
　　　　　　　　 ～に

③Do you go ~~[to]~~ home after this?（この後、家に帰りますか？）
　　　　　　 ～に

④He wants to study ~~[in]~~ abroad.（彼は外国で勉強したがっている。）
　　　　　　　　　　 ～で

　①～④は、入試問題で「前置詞がいらない例」としてよく出題されます（例外的な使い方は除く）。

　一方で、学校の授業では「そういうもの」と教えられるだけで、理由についてまで触れられることはあまりないようです。

　なぜ、前置詞が必要ないかというと、**here、there、home、abroad は副詞だから**です。

　特に、hereやthere、homeなどは身近な単語でもあるので、辞書を引いて確認する人は少ないと思いますが、辞書にもちゃんと副詞として掲載されています。

　4つの単語を整理してみましょう。

第1章
英語の基本構造

第2章
時制

第3章
動詞から
派生した文法

第4章
コンビネーション
から生まれた文法

第5章
間違えやすい
英文法

①come here （ここに）来る
②hid there （そこに）隠れた
③go home （家に）行く
④study abroad （外国で）勉強する

　このように、here、there、home、abroadはそれぞれ、**動詞を説明する言葉（→副詞）**であり、前置詞toやinが意味する「〜に」「〜で」などが必要ありません。

　here、there、home、abroadは、なんとなく「場所を指す名詞」と考えがちなので「なぜ前置詞がつかないのか」と疑問を持ってしまいますが、これらはすべて**副詞なので、前置詞がなくて当たり前**と言えるのです。

ⓢⓞⓥ 「前置詞」は、名詞を副詞化する言葉だった！

　逆の見方をしてみると、前置詞に対する見方が変わると思います。
　次の文を見てください。

I went to Tokyo. （私は東京に行きました。）
　　　　 〜に

　here（ここに）やthere（そこに）などの副詞と違い、Tokyo（東京）は名詞なのでto（〜に）がないと動詞にうまくつながりません。

　そこで、to（〜に）をつけて「to Tokyo」とすることで、「東京に→行きました」と、「動詞を説明する言葉」になりました。

　つまり、名詞に前置詞をつけるのは、**名詞を副詞化する**と言うことができるのです。

第2章

時制

時制は、3つのブロックで理解する

　第2章では、時間感覚である「**時制**」について学びます。

「時制」で一番大切なのは、「**点時制**」と「**線時制**」を分けて理解することです。

　時制が苦手な人は、「日本語と共通する点時制」と「日本語には存在しない線時制」を混ぜて覚えようとして混乱していることが多いようです。

　じつは、時制こそ「理解する順番」がとても大切です。順番を間違えてしまうと、一巻の終わりです。

　まずは、「日本語と共通する点時制」について、「**現在形**」→「**進行形**」→「**過去形**」→「**未来形**」と、日常で使う頻度の高い文法から順番に理解していくことがポイントになります。

　次に「日本語に存在しない線時制」です。学校では、「公式の暗記」で処理されてしまい、ネイティヴが感じ取っている"時間の感覚"を理解する作業が抜け落ちてしまっています。「線時制」を学ぶときは、まずネイティヴが感じ取っている「時間の感覚」をきちんと理解することが大切です。

「時間の感覚」を理解するためには、やはり日常で使用する頻度が高い順に、「**現在完了形**」→「**過去完了形**」→「**未来完了形**」→「**完了進行形**」と学んでいくと、私たちの生活の出来事とリンクしやすく、理解しやすくなります。

　最後は、「**神様の時間**」です。

　英語には「神様の時間」という特別な時間帯があります。この時間帯は歴史や宗教観をもとに解釈する必要があります。この解釈ができると、高校時代に"超難解"と言われていた「**仮定法**」や「**敬語**」「**条件副詞節**」が不思議なほど一瞬で理解できてしまうのです。

第1章
英語の基本構造

第2章
時制

第3章
動詞から派生した文法

第4章
コンビネーションから生まれた文法

第5章
間違えやすい英文法

図 2-1　第2章【時制】の見取り図

日本語と共通する時制の文法（点時制）

12 現在形

13 進行形

14 過去形

15 未来形

日本語に存在しない時制の文法（線時制）

16 現在完了形

17 過去完了形

18 未来完了形

19 完了進行形

宗教的な価値観から生まれた時制の文法（神様の時間）

20 仮定法

「仮定法」と同様の観点から生まれた文法

21 敬語

「仮定法の一種」と捉える文法

22 条件副詞節

日本人は英語の「時制」が苦手で当然！

 英語は「時制が多い」から難しい

時制とは、「いつの話をしているのか？」という時間帯のことを指します。右の図のとおり、英語の時制は15種類あります。

つまり、**英語では、この15の時間帯を意識して会話が成り立っている**ということです。

一方で、日本語の時制は何種類あるかと言うと、じつは、たった6種類しかありません。そのため、**日本人が英語の文を話そうとする場合、日本語の倍以上の時制を意識しないといけない**ことになります。

よく英語の試験などで「時制の設問が苦手だ」と言う人がいますが、それは当然のことなのかもしれません。

 「点時制」と「線時制」

英語の時制は、「もし〜なら」という仮定の話をする「**仮定法（神様の時間）**」と、通常の文である「**直説法（人間の時間帯）**」の2つに分けることができます。

直説法とは、仮定法以外の通常の文の時制を扱う文法で、ある一点の時間帯を起点とする**点時制**と、一定期間の時間帯を起点とする**線時制**という2種類に分かれます。

点時制と線時制の大きな違いは、**中学校で習う「完了形」を使うのが線時制**で、**「完了形」を使わないのが点時制**です。

点時制と線時制は、それぞれ進行形を使うパターンと使わないパターンの2つに分かれています。

図 2-2　英語の時制マップ

時制

〈人間の世界〉

直説法

（現実）

点時制

単純時制	進行形
❶ 過去形	❹ 過去進行形
❷ 現在形	❺ 現在進行形
❸ 未来形	❻ 未来進行形

線時制

完了形	完了進行形
❼ 過去完了形	❿ 過去完了進行形
❽ 現在完了形	⓫ 現在完了進行形
❾ 未来完了形	⓬ 未来完了進行形

〈神の世界〉

仮定法

（非現実・願望・謙譲）

仮定法

⓭ 仮定法現在

⓮ 仮定法過去

⓯ 仮定法過去完了

93

英語の時制は、日本語にないものばかり

 日本語に「線時制」は存在しない

前項でお話ししたとおり、時制が15種類もある英語に対して、**日本語の時制はたった6種類**しかありません。

先ほどの時制マップの中で言うと、日本語の時制は次の6つです。

①過去形

②現在形

③未来形

④過去進行形

⑤現在進行形

⑥未来進行形

見てのとおり、線時制は1つもありません。日本語は、点時制のみで会話をしているということになります。

つまり、日本人が英語を話す場合、**日本語にない多数の時制を扱わないといけないため、英語が難しく感じてしまう**ということなのです。

 「時制」は、感覚的に身につけるもの

英語の時制が難しいと感じる理由は、もう1つあります。それは、**時制が感覚的につかむもの**だからです。

②の現在形は当然として、①過去形、③未来形、それから④～⑥の進行形などの時制は、学校の英語の授業の比較的序盤に登場します。

　なぜかというと、これらの点時制が日本語の概念にも存在し、私たち日本人の感覚と一致しているためです。

　私たちの頭の中には、「今、この辺りの時間帯を指しているな」と、時制を感じとるセンサーがあります。

　時制という概念は、理屈よりも、この頭の中のセンサーで感じとって使う必要があるため、「感覚文法」（P138を参照）のカテゴリーに入ります。

　つまり、完了形など日本語にない時制というのは、私たち日本人にとって「感覚的に理解できない時制」であるため、使いこなすのが非常に難しいのです。

　完了形や未来形などの文法の公式を覚えているのに、なかなか正しく使えない人が多いのは、日本語と英語の「時制感覚の差」という落とし穴があるからなのです。

「時制の感覚」を身につけるために

　では、どうすれば「英語ネイティブの時制感覚」を身につけることができるのでしょうか？

　例えば、完了形は、一般的に中学3年生の初めに習う文法ですが、「have＋過去分詞＝完了形（～し終わった）」と、公式と和訳を丸暗記するだけでは、時制の感覚はなかなかつかめません。

　完了形という時制の概念を理解するには、「それぞれの時制が、どの時間帯を指しているのか」という感覚を身につける必要があります。

　そのためには、時制を感覚的につかめるまで、1つずつしっかりと確認することが大切なのです。

「現在形」は
「現在の時間」以外にも使う

 「確実な未来」を表す現在形

　時制の基本である現在形から見てみましょう。

　現在形というと、どうしても「現在の時間」だけの表現だと思いがちですが、じつは**「現在の時間以外」**の時間も扱います。

　現在形が表現するのは、全部で4つです。順番に紹介します。

(i)確実な未来

①She **comes** here!（彼女はここに[必ず] 来るよ！）
②I **pass** the exam!（私はその試験に [絶対] 合格する！）

　まず、一番使われるのが**「確実な未来」**を表現する場合です。通常の未来はwillやbe going to〜を使用しますが、**「（少なくとも自分は）必ず起きる」と信じているときに現在形が使われます。**

　命令形の項でもお話ししたとおり、もともと人間は現在形だけを使っていたと言われています。「お腹が空いたから獲物を取りに行こう」や「眠いから横になろう」など、現在思ったことが次の行動の原動力となっていました。そのため、現在形は太古の昔から、行動に直結する強い感覚を持っているのです。

　その強い感覚の残った表現が、「彼女は必ず来る」や「試験に絶対合格する」という強いニュアンスとなり、「だから、これを信じて」や「だから勉強する」と、聞き手や自分に対して次の行動を促すのです。

　②の「I pass the exam!」は、willを使った意志を示す表現である「I

will pass the exam. (私は試験に合格します。)」よりも、より強い意志が感じられます。

 「現在を含む行動」を表す現在形

(ii) 現在の状態（→現在を含む行動）

③He **lives** in New York.（彼はニューヨークに**住んでいます**。）

④I **play** the guitar.（私はギターを**弾きます**。）

③では「過去から現在まで住んでおり、未来も同じ状態が続いている」と、3つの時制が同時に成立しています。このような場合は、現在形を代用して表現します。

④の場合、例えば数年前にギターを習い、現在も弾いており、未来でも変わらないだろうという、3つの時制が含まれています。

このような使い方を文法用語で「現在の状態」と呼んでいますが、ニュアンスとしては「**現在を含む行動**」についての表現だと考えるほうがしっくりくるかもしれません。

 「よく起きること」を表す現在形

(iii) 反復動作（よく起きること）

⑤I **get up** at 7 every morning.（私は毎朝7時に**起きます**。）

⑥The train **arrives** at the station at 9:30.（その電車は9：30に駅に**着きます**。）

次の用法は「反復動作」と呼ばれるものです。これは、「過去から現在まで継続して同じことが繰り返され、これが未来まで続いていくだろう」というニュアンスで現在形が使われる場合です。

⑤の場合、「私」という人は昔から今まで朝7時に起きていて、今後もそうだろうと考えている、というニュアンスです。

　⑥も同様で、電車というのは基本的に同じ時刻に駅に着く、という表現です。

　この反復動作の用法は、「現在の状態」と同様に、過去・現在・未来の3つの時制が同時に表現されています。

　そこで、3つの時制の中間にあたる現在形が代表として使われているということなのです。

「不変の真理」を表す現在形

> ### （iv）不変の真理
> ⑦The earth **goes** around the sun.
> 　（地球は太陽の周りを**回っています**。）
> ⑧Water **boils** at 100℃.（水は100度で**沸騰します**。）

　最後は「**不変の真理**」に関する使い方です。人間の意志が一切及ばない、自然界の法則を表すときに現在形を使います。

　⑦「地球は太陽の周りを回っています。」や⑧「水は100度で沸騰します。」などは、地球上でつねに変わらず永遠に続いている事実です。過去・現在・未来にわたってずっとつながっている事象であるため、やはり中間の時制である現在形を使って表現しています。

　現在形の使い方は、以上の4通りです。

「現在」だから「今のこと」とざっくり考えるのではなく、理由と合わせて分類して理解することで、ネイティブの感覚をつかむことができるようになるのです。

第1章
英語の基本構造

第2章
時制

第3章
派生した文法

第4章
コンビネーション
から生まれた文法

第5章
間違えやすい
英文法

図 2-3 「現在形」の4つの時間軸

（ⅰ）確実な未来

「（少なくとも自分は）必ず起きる」と信じているとき

（ⅱ）現在の状態

過去から現在まで続いていて、未来も同じ状態が続いているとき

（ⅲ）反復動作

過去から現在まで継続して同じことが繰り返され、これが未来まで続いていくだろうと思われるとき

（ⅳ）不変の真理

人間の意志が一切及ばない、自然界の法則を表すとき

じつは「進行形」は「瞬間」を示す表現!

 「be動詞＋動詞のing形」が基本

進行形「〜している」は、中学1年生で登場する文法です。

(i)現在進行形「〜している」

She **is watching** TV now. (彼女は今、テレビを見ています。)

(ii) 過去進行形「〜していた」

He **was working** at that store. (彼はあの店で働いていました。)

(iii) 未来進行形「〜しているだろう」

I **will be swimming** at this time tomorrow in Hawaii.
(明日の今頃は、私はハワイで泳いでいるでしょう。)

　時制の中では、比較的わかりやすい使い方と言えるでしょう。

　学生時代、「be＋動詞のing形」という公式を習った人が多いのではないでしょうか?

　過去進行形や未来進行形については、be動詞をそれぞれ過去形・未来形にするだけです。

　進行形の文のつくり方自体は、それほど難しくありません。

　ただ、「なぜ、be動詞を使い、動詞にingをつけるのか?」という疑問は、どうしても残ってしまいます。

「その瞬間」に何をしていたか

この謎を解くために、まず「進行形の感覚」についておさらいします。

繰り返しますが、時制というのは感覚的に認識する必要がある概念で、この「進行形の感覚」というのが、日本人とネイティブの間で微妙に異なっている場合が多いのです。

「進行形は『〜している』だから、一定期間の長さが必要だ」と考える人が少なくありません。

ところが、ネイティブが用いる**進行形は、「その瞬間に、何をしているのか」という一点だけを切り取った表現**なのです。

(i) の「She is watching TV now.（彼女は今、テレビを見ています。）」という表現では、話し手が見たまさにその瞬間に「彼女がテレビを見ている。」という事実を話しています。

同様に、(ii) の「彼はあの店で働いていました。」も、話し手がお店で彼を見かけた瞬間に、「彼が働いていた」ということを表しているのです。

(iii) では「明日の今頃」というその瞬間を切り取って、「ハワイで泳いでいるでしょう」と話しています。このように、進行形で話をする場合、「その一瞬の行動」だけを表現しており、その行為がどの程度の時間行われているか、ということには注目していないのです。

それが、この進行形が「点時制」というグループにいる理由なのです。

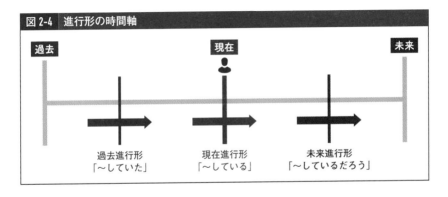

図 2-4 進行形の時間軸

過去　　　現在　　　未来

過去進行形「〜していた」　現在進行形「〜している」　未来進行形「〜しているだろう」

進行形の時制の概念を整理したところで、先ほどの「なぜ、be動詞を使い、動詞にingをつけるのか？」という疑問について説明します。

　私自身も、このことは学生の頃に大きな疑問として残ったのですが、この謎を解く鍵になったのは、私が大学で学んだスペイン語でした。

　スペイン語は、中世の時代の英語である中英語に大きな影響を与えたラテン語の子孫です。

　スペイン語にも進行形の表現があり、次のような形で表します。

スペイン語と英語の進行形比較

「歩く」の原形「andar」

estar＋〜ando／iendo →Estoy andando. 私は歩いています。
（be）　　（〜ing）　　　　→I am walking.

　スペイン語では、estar（エスタール動詞）が英語のbe動詞にあたり、「estar＋動詞のando形／iendo形」で進行形を表現します。

　つまり、「進行形＝be＋動詞のing形」という考え方自体は、英語だけでなくラテン語系言語で一般的に使われている形なのです。

　もともと古英語では、「be＋〜ende」もしくは「be＋〜inde」という形で進行形を表現していました。

　当時、「〜ing」の形はすでに存在しており、動名詞「〜すること」を表す形として、進行形とは分けて使われていたのです。

　古英語はその後、長い年月の間使われているうちに、「〜ende形」が使われなくなり、「be＋〜inde」で統一されるようになったのです。

　さらに時代が進むと、「〜inde（インデ）」と「〜ing（イング）」は、音が似ているために統合されて「〜in（イン）」だけが残り、「be walkin」のように使われるようになります。

やがて、「～in（イン）」だけだと音が弱いため「g」を戻し「～ing」へと回帰して、現在の進行形「be＋動詞のing形」へと落ち着きます。これが、「説1」です。

 ## 「be動詞＋動詞のing形」になった理由②

　古英語から中英語へ移行する間に、もう1つ別の進行形の表現方法がありました。

　それが、次の形です。

〈～している〉 be ＋ on ＋ ～ing
　　　　　　　　～の途中　（～すること）

　当時の「ing形」は、当初は動名詞（～すること）でした。

　これに「on（～の途中）」をつけて、「be on ～ing（～することの途中）」という形でも使われていました。

　このonは、現代英語でも「on sale（セール中）」のように使われています。

　「be on ～ing」が、使われていくうちにonが省略され「be＋～ing」へと変わった、というのが「説2」です。

　「be on ～ing」という表現も歴史的に存在しており、説1と説2については、どちらが正しいという統一見解はありません。

　おそらく、この2つの考え方が混ざりながら、現在の形に落ち着いたのではないかと言われています。

「過去形」の2つの使い方

 「ある過去の一点」を表す使い方

進行形の次は、**過去形**について解説します。

過去形にも、いろいろ謎めいたルールがあるのです。

まずは「時制」の考え方について確認したいと思います。

過去形を、漠然と「以前のこと」のように覚えている人が多いのですが、「どの過去のことか」と聞かれると言葉に詰まってしまうものです。

英語の過去形は、次の2つを指します。

(i)ある過去の「一点」で起きたこと

①He **bought** the car last week.

（彼は先週、その車を買いました。）

②The big typhoon **hit** our town.

（大きな台風が私たちの町を襲いました。）

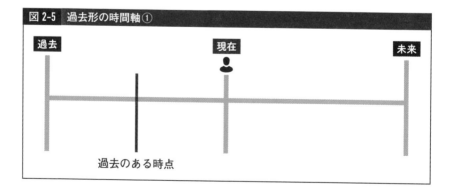

図 2-5　過去形の時間軸①

過去　現在　未来

過去のある時点

①では、「先週」という過去の一点（ある時点）で「車を買った」という行為について話しています。

ここでいう「一点」とは、進行形の場合はより狭い「ある一瞬」を指しているのに対し、より広い**「過去のある時点」**を指していることに注意しましょう。

🕐 「漠然とした過去の一定期間」を表す使い方

過去形のもう１つの使い方は**「漠然とした過去の一定期間」**という用法です。

「一定期間というと、完了形のような線時制ではないのか？」と疑問を持つ人もいるかもしれません。次のように、**「始まり」や「終わり」をはっきり表現しない場合に、過去形が使われます。**

(ii) 漠然とした過去の一定期間

①She **lived** in Spain.（彼女はスペインに住んでいました。）

②My son **wanted** the game.

（私の息子はそのゲームを欲しがっていました。）

①では、「彼女は過去にスペインに住んでいた」という事実を語るだけで、「いつからいつまでの期間」という情報が抜けています。

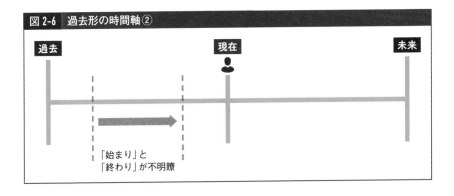

図 2-6　過去形の時間軸②

過去　　　　　　　　　　　現在　　　　　　　　　　未来

「始まり」と
「終わり」が不明瞭

①の文を聞いた人は、次に「いつまで住んでいたの？」と聞き返すかもしれませんし、話し手のほうも「わからない」と答えるかもしれません。

　②に関しても同様で、「以前、息子がそのゲームを欲しがっていた」という情報しかなく、「現在も欲しがっているのか」は不明瞭です。

　この場合も、聞き手から「今も欲しがっているの？」と質問されるかもしれません。

　①と②のどちらの場合も、「ある一定期間、その行動をとっていた」という意味で、時間軸としては点ではなく線のような印象を受けます。

　しかし、英語では「いつまで」という終わりの点があいまいな場合は一定期間とみなされません。

　「いつまでの期間なのか」という情報がないため、線時制の完了形ではなく、点時制の過去形が使われているのです。

　現在形は「はっきりしない時制の中間」として使われますが、過去形の場合も同じ考え方ができます。

　つまり、①と②の場合、**「はっきりしない時制の中で、最も確実な起点が過去形」であるため、過去形が使われている**というわけです。

　日本語でも英語でも、時制はある程度、直感的にとらえる必要があります。

　英語の時制をしっかりとマスターしたい人は、会話のたびに本章をめくって「どの時制にあたるのかな？」と確認するのをお勧めします。

「ed系」と「不規則変化」の2パターンがある理由

　過去形の締めくくりとして、過去形の動詞に関する大きな謎である「なぜ、過去形はed系と、不規則変化の2パターンがあるのか？」について解説します。

　英語の動詞は、「wanted（wantの過去形）」などのように動詞の末尾にedをつけるだけで済む**「規則動詞」**と、「ate（eatの過去形）」のように単語自体が変わる**「不規則動詞」**の2つに分けられます。

第1章
英語の基本構造

第2章
時制

第3章
動詞から
派生した文法

第4章
コンビネーション
から生まれた文法

第5章
間違えやすい
英文法

規則動詞

want → want**ed**　　like → lik**ed**　　walk → walk**ed**　など

不規則動詞

eat → ate　　break → broke　　come → came　など

　これらの動詞には特に法則性がないため、英語学習者の悩みの種となっています。

　じつは、古英語から中英語までの時代、すべての単語が「不規則動詞」でした。

　つまり、当時の英語には「〜ed」の形は存在せず、すべての単語に「eat → ate」のように個別の過去形があったのです。

　ところが、戦争などで移民が増えて、様々な民族が英語を使うようになると、これまでに何度も紹介した英語特有の**「簡略化」**が進みます。

　単語の不規則変化は、方言のように地域ごとの独自のものがあるなど、複雑になっていたため、不規則な過去形が複数あるような単語は、すべて「〜ed」で統一することにした、という歴史があるのです。

　このような動きは、ある特定の期間から始まったものではなく、各単語でそれぞれ緩やかに進められていき、長い年月を経て「〜ed」の動詞が増えてきています。

　例えば、「learn（学ぶ）」という単語は、イギリス英語では現在も「learnt」という過去形をとる場合もあります。

　しかし、アメリカ英語が主流となった現在では、あまり見ることがなくなってきました。

　このように、「〜ed」への変化というのは、現代の英語でも進められている「簡略化」の一例であると言えるのです。

「未来形」は
5つに分けて覚える

 willの意味は「未来」だけじゃない！

　過去形の次は、**未来形**です。

　未来形は、日本語でも英語でも共通する概念ですが、じつは2つの言語の未来形には大きな違いがあります。

　日本語と英語の未来形の違いについては、2つの言語の文化的な背景に着目して理解する必要があります。

　日本語は、過去に目を向ける文化をベースにしています。平安文学などをはじめとする日本文化は、過去のことを話したり、過去の人物や出来事について偲んだりすることで、発展してきたという側面があるのです。

　その一方で、英語の歴史はこれまで話してきたように戦争によって形づくられたという側面があります。その影響で、過去を振り返るのではなく、人々の未来について語ることを中心に小説や言論が発達してきたのです。聖書などを見ても、「こうすれば、このように幸せになれる」というように、未来に目を向ける記述が多い傾向があります。

　一般的に、キリスト教国の多くで、未来に目を向ける文化性が発達したと言われています。**英語という言語においても、未来に向ける感性が育った**という見方があります。

　その一端を垣間見られるのが、日本語と英語における「未来形の違い」ということなのです。

　日本語における未来は「〜だろう」「〜するだろう」の2通りだけですが、**英語における未来形は大きく分けて5種類もあります。**

　本書では、これらの未来形を1つずつ見ていきます。

(i) will…「意志未来」と「単純未来」

最初に紹介するのは、助動詞「**will**」を使った未来形の使い方です。

willはゲルマン語由来の単語です。助動詞としての使い方は後ほど説明するとして、ここでは未来形としてのwillがどのようなニュアンスを持つのかを中心に解説します。

①〈意志未来〉…「自分の意志」で決めた未来

A：How about going to see a movie?（映画を観に行くのはどう？）
B：OK. I **will** go with you.（うん。君と行くよ。）

willは、辞書などで調べると助動詞「～するつもりだ」という和訳になっていますが、もう少し読んでいくと「意志」と書かれていたりします。

①の用法はwillの本来の使い方で、「**『自分の意志』で決めた未来**」というニュアンスです。

「映画を観に行く？」と誘われて、「うん、行くよ。」と、自分の意志で決めたことに対して使っています。

②〈単純未来〉…ただの未来

He **will** come here.（彼はここに来るでしょう。）

①の用法よりも「意志」というニュアンスが薄まって**「ただの未来」**として使われるようになった、比較的新しいタイプの用法です。

もともと、willの使い方は①の「意志未来」のニュアンスがメインであり、「単純な未来」を指すwillは歴史的にあまり使われてこなかった表現です。

積極的に使われるようになったのは、19世紀ごろからなので、歴史の浅い使い方だと言えます。

(ii) be going to…「以前から決まっていた未来」と「他人が決めた未来」

　未来形というと、「willか be going to」と暗記している人がほとんどかと思います。

　それほど知名度がある一方で、「willと be going toの違いは？」と聞くと、多くの人が「ほぼ同じ意味」と答えます。

　ネイティブでも「ほぼ同じ」と答える人が多いのですが、ビジネスの現場で通訳をする者の立場から言うと、やはり明確な線引きをして2つの用法を使い分けなくてはいけません。

①以前から決まっていた未来

I **am going to** visit Hawaii this summer.

（今年の夏はハワイに行く**予定です**。）

②他人が決めた未来

We **are going to** have an exam next week.

（来週、テスト**があります**。）

　①と②は、厳密には違うという意見もありますが、わかりやすさを重視して、私のほうで解釈した用法です。

　①は「予定として決まっていた計画」を話しているニュアンスです。

　前述の否定文・疑問文の説明の際に、かつて動詞は、それ自体が（〜すること）という名詞であり「do＋動詞」という形で使われていた、というお話をしました。

　つまり、「be going to ＋動詞」の形は、「be going（途中である）」と「動詞（〜すること）」の間に、「〜に」を意味する前置詞toが置かれた形です。したがって、**「be going to〜」は「〜することに向かっている（すでに向いている）」という隠れニュアンス**がある表現なのです。

　ここで使われている進行形（be going to）からも「今この瞬間、～することに向かっている」と、現在・未来の複合的な時制を感じることができます。

　②の「他人が決めた未来」というのも、大きな解釈をすれば①と同じ考え方です。

　この文でも、「来週テストがある」という話は、その場で決定されたことでも、自分で決定したことでもありません。

　実際にネイティブが感じるニュアンスの違いについて、willを用いた、似たような文と比較してみましょう。

We **will have** an exam next week.
（私たちは来週、試験を受けます［意志］。）

We **are going to have** an exam next week.
（私たちは来週、試験を受けることになっています［予定］。）

---

　willを使った文の場合、「その瞬間の意志」を表明するニュアンスであるのに対して、be going toを使った文の場合は「自分の意志」とは関係ない「予定」を表すニュアンスであるという違いがあります。

（iii）〈現在形〉…「反復動作」

　次の未来形の使い方は、現在形でもお話しした内容です。

The shinkansen **arrives** at 7:20 tomorrow.
（その新幹線は、明日7：20に**着きますよ**。）

　このように、過去から現在、そして未来にわたって反復して起こっていることを、現在形で表現します。ここでは、明日の話をしているので明ら

かに未来の話なのですが、反復して起こる意味のほうが強調されて、現在形の動詞を使った文になります。

この文は、単純未来のwillで、次のように表すことも可能です。

The shinkansen **will arrive** at 7:20 tomorrow.

このように、willを使った文にしても問題はありません。アメリカやカナダなど、複数の英語圏の国のネイティブに、この場合どちらの用法を使うか聞いたところ、現在形を使う人とwillを使う人が、ちょうど同数で分かれました。基本的には、どちらの用法で使っても問題はないでしょう。

(iv)〈現在進行形〉…「ごく近い未来」

未来形の使い方のうち、「ごく近い未来」の現在進行形という用法があります。身近なところでは、新幹線の車内アナウンスで流れる、次のような文が当てはまります。

We **are arriving** at Odawara Station in a few minutes.
（あと数分で、小田原駅に**着きます**。）

この車内アナウンスは「もうすぐ着くので、降りる準備をしてください。」と、お客さんを促すニュアンスを出そうとしています。
「一瞬」を強調する現在進行形を使うことで、聞き手には「今まさに到着する」という切迫したニュアンスが伝わります。これが「We will arrive〜」という単純未来の用法になると、「もうすぐ着きます。」のような淡白な表現になり、緊迫感があまり伝わりません。

(v) shall…「強い意志未来」と「運命的な未来」

未来形の最後は、助動詞shallを使った未来です。

映画『Shall We Dance?』のような「〜しませんか？」といった使い方もありますが、未来形で使う場合はちょっと特殊で、主語によって意味が大きく変わります。

①強い意志未来（一人称）…〜しなきゃ／必ず〜する

It's late. I **shall** go.（遅くなっちゃった。もう**行かなきゃ**。）

このような使われ方をした場合、willよりも強い意志が感じられ「止めてもダメだよ。絶対に行く。」というニュアンスで伝わるので、あまり引き止められることはないでしょう。対して「I will go.」の場合は「私は行くと決めた。」くらいのニュアンスなので「いやいや、もうちょっとここにいなよ。」と引き止められるかもしれません。

②運命的な未来（二人称、三人称）…〜する運命にある／〜することになる

You **shall** die.（お前はもう死んでいる。）『北斗の拳』英語版より

You **shall not** pass!（ここを通させぬ！）『The Lord of the Rings』より

「運命のshall」の使い方は、非常に大袈裟な表現なので、日常会話ではあまり登場しません。私がこれまで出会った用例は、上で紹介している2つの例などです。

1つ目は日本のアニメ『北斗の拳』の有名なセリフで、2つ目はファンタジー巨編の『ロード・オブ・ザ・リング』で、魔法使いガンダルフが敵を足止めする際に放ったセリフです。

日常生活で使うことはあまりないと思いますが、創作物などではたびたび登場します。

知っておくと「運命のshallがきた！」と、ドラマや映画の興奮度が高まるので、頭に入れておくことをお勧めします。

「現在につながる過去」を表す「現在完了形」

 現在完了形と過去形は、何が違う?

　いよいよ、ここから日本語に存在しない「線時制」に入ります。まずは、線時制を学ぶ上で基本となる「**現在完了形**」の説明から始めましょう。

　学校では現在完了形の公式として「have＋過去分詞」という形と、以下の4つの用法を教わります。

現在完了形＝ have＋過去分詞

①完了　（すでに）〜してしまった

②結果　〜してしまった（そして今も〜だ）

③経験　〜したことがある

④継続　ずっと〜している

　このように公式を羅列し、すぐにテスト、という教わり方をする人が多いですが、これはあくまで和訳との整合性を図る上での「うわべ」だけしか表現されていません。

　実際にネイティブの人たちがどのような感覚で現在完了形をとらえているのかを、問題形式で解説してみたいと思います。

Today, two airplanes **have crashed** into the World Trade Center.

（本日、2機の飛行機が世界貿易センターに衝突し [　　　　]。）

第1章
英語の基本構造

第2章
時制

第3章
動詞から派生した文法

第4章
コンビネーションから生まれた文法

第5章
間違えやすい英文法

皆さんは、この英文の和訳の最後を、どのように締めくくりますか？

過去形と現在完了形の違いをはっきりとわかっていない人は、この日本語訳として「衝突しました」としてしまいます。

これは、日本の英語教育が「時制」についてしっかりやってこなかったことに責任があります。

この文をもとに、「現在完了形」の時間軸をおさらいしましょう。

「過去に起きたことが、今も続いている」

現在完了形の正しい時制は、「**現在につながる過去**」を意味します。

どのような時間軸かというと、下の図のように**「ある過去の一点で発生した状態がずっと続いて、今も続いている」という状態**が、現在完了形の感覚です。

つまり、「have ＋過去分詞」を使うことで、ネイティブが聞いたときに、**「過去に起こったことが、今も続いているんだ」**という隠れニュアンスを読み取るのです。

一方、通常の過去形を使った場合、「過去にこういうことがあった」という淡白な表現になり、「(でも今は関係ない、過去のこと)」という隠れニュアンスが相手に伝わります。

「have ＋過去分詞」と「過去形」には、「過去に起きた状況が、現在にも直接関係しているかどうか」という、大きな違いがあるのです。

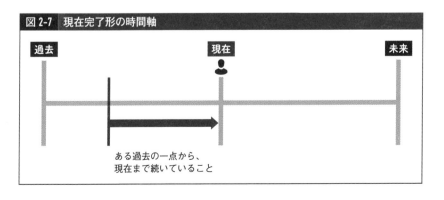

図 2-7　現在完了形の時間軸

過去　　　　　　　　　現在　　　　　　　　未来

ある過去の一点から、
現在まで続いていること

「現在につながる過去」だけですべて説明できる

　この時制の感覚を踏まえて、一般的に中学校などで習う、従来の現在完了形の公式を見直してみましょう。

　これらはすべて、「現在につながる過去（"ある出来事の状態"が、今も続いている）」として、統一して覚えることができます。

①完了　すでに〜してしまった／〜してしまった

I have finished my work.（仕事を終えたところです。）

　この文は、「"仕事を終えた状態"が、今も続いている」という状況を表しています。

　このことから、「今もやるべき仕事はない状態」という隠れニュアンスが読み取れます。

②結果　〜してしまった（そして今も〜だ）

I have lost my ring.（私は指輪をなくしてしまいました。）

　この場合、「指輪をなくして、今も見つけられていない」というニュアンスになります。

　過去形の「I lost my ring.」だと、その後見つけたかどうかがはっきりしませんが、**現在完了にすることで「今も見つけられていない」ということが伝わります。**

③経験　〜したことがある

I have learned swimming.（私は水泳を習ったことがあります。）

　この表現は、「"水泳を習得した状態"が、今も続いている状態」です。過

去形の「I learned swimming.」だと、「昔習っていた」という事実が伝わるだけで「今も泳げる」という保証はありません。

一方、**現在完了形にすることで「今も泳げる」というニュアンスを伝えることができます。**

④継続　ずっと〜している

I **have been** in Tokyo for two years. (東京に2年住んでいます。)

これまでと同様の考え方で、「"東京にいる (I am in Tokyo)" という状態が、今も続いている」という意味です。ここで前置詞forが使われているのは、「2年という期間から離れている」という隠れニュアンスです。

直訳をすると「2年という時間から離れて、ずっと東京にいます」という意味になり、意訳して「東京に2年住んでいます」となるのです。

 現在完了形の4パターンは、あくまで和訳の一例

ここまで見ておわかりの通り、**中学校で習った現在完了の①〜④はすべて、「現在完了形の時制」を踏まえた和訳の例に過ぎない**のです。

現在完了形を①〜④で習っていた人は、これらの用法をすべて暗記して使うしかありません。

しかし、**「現在につながる過去」という時制の感覚を覚えておくだけで、①〜④すべての意味に対応することができてしまう**のです。

 「現在完了形」の真の解釈法

この時制の感覚を踏まえて、改めて冒頭の例文を見てみましょう。

Today, two airplanes **have crashed** into the World Trade Center.

117

すでに気づいた人もいるかもしれませんが、これは2001年9月11日に起きたアメリカ同時多発テロ事件の際、当時の大統領G・W・ブッシュが公式発表で同事件を最初に語った際の言葉です。

　「have crashed」は「衝突しました」と、過去形と同じように翻訳してしまいがちです。

　しかし、この文の時制からは、<u>「2機の飛行機が建物に衝突して、それによって生じた事態が今なお続いている」という状態が読み取れます。</u>

　ネイティブなら、「have crashed」と聞いた瞬間に、過去形ではなく、あえて現在完了形を使っていることから、「この事態が、今も続いているんだ」と理解し、過去形を使った「crashed」の場合よりも、はるかに深刻な状況だと衝撃を受けるでしょう。

　このような「時制の隠れニュアンス」を知っている場合と、知らない場合では、この一文から受ける印象は大きく変わります。

　「現在完了形の隠れニュアンス」を踏まえて、前ページの文を日本語訳するなら、このようになるでしょう。

本日、2機の飛行機が世界貿易センターに衝突し、今も炎上中です。

　「今も炎上中」という言葉自体は、もちろん英文には存在しません。

　しかし当時ネイティブの人は、現在完了形から「この事態が継続している」という隠れニュアンスを読み取り、「今も炎上中である」ことを察することができたはずです。このようなニュアンスは、単に「現在完了形→してしまった」と対訳を丸暗記しているだけでは読み取れません。

　時制の感覚をしっかり理解することで、より正しく柔軟に英語を理解できるようになるのです。

なぜ、「have＋過去分詞」なのか？

　現在完了形の使い方を理解したところで、もう1つの謎、**「なぜ、『have**

＋過去分詞』なのか？」という、根本的な問題について解説します。

　なぜ、完了形では「have」を使うのか？　そして、なぜ「過去分詞」なのか？　理由は諸説ありますが、その中で納得しやすいものを1つ紹介します。

　現在完了形ができる以前の古英語では、完了形と同じ意味を持つ文を、次のような語順で表現していました（単語は現代語にしています）。

> I **have** my work **finished**.（私は仕事を終えてしまいました。）

　haveは、「〜を持つ」だけでなく「してもらう／させている」という使役の意味を持つ動詞です（使役動詞の項を参照）。

　過去分詞の形には「〜させられる」という受動態の意味があります（分詞の項を参照）。

　したがって、この文を直訳すると、「私は仕事を終わらせられた状態にさせている（→現在完了形)」となります。

　この言い回しの語順を見ると、次のようになっています。

> 主語 (I) →述語 (have) →目的語 (my work) →過去分詞 (finished)

　ところが、「目的語（my work）が先、過去分詞（finished）が後」のように動詞で目的語を挟むのは少し回りくどくなりました。

　そこで、**「使役動詞と過去分詞」をまとめて述語（V）にすることで、「主語 (I) →述語 (have finished) →目的語 (my work)」という、第3文型 (SVO) に近づけた**、というわけです。

　現代英語では、「助動詞have＋過去分詞」として現在完了形が扱われています。

　しかし、じつは、その由来は「使役動詞＋過去分詞を合わせて述語化したもの」だったのです。

「過去完了形」「未来完了形」の違いは図で一目瞭然！

 ## 現在完了形の「時間軸」をずらす

現在完了形の時制が理解できれば、**過去完了形**と**未来完了形**の概念もすぐに理解できるようになります。個人的には、未来完了形は日常会話にあまり登場せず、小説などで目にする程度という印象です。一方の過去完了形は、比較的使う場面が多い表現なので、覚えておくと便利です。

どちらの形も、現在完了形の考え方である「ある出来事が現在までつながっている（現在につながる過去）」という感覚を「別の時間軸」にずらすことで、すぐに理解できるでしょう。

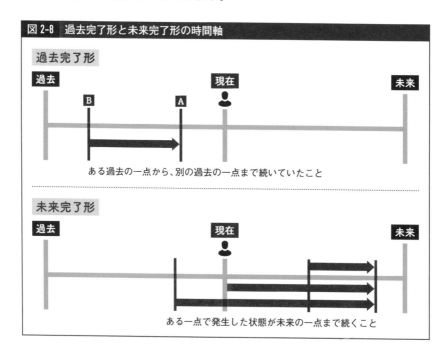

図 2-8 過去完了形と未来完了形の時間軸

過去完了形

過去　　　　　　　　　　　　　　現在　　　　　　　　　　　　未来

B　　　　　　A

ある過去の一点から、別の過去の一点まで続いていたこと

未来完了形

過去　　　　　　　　　　　　　　現在　　　　　　　　　　　　未来

ある一点で発生した状態が未来の一点まで続くこと

ポイントは、「ある一点まで続く期間」

過去完了形は、現在完了形の「have ＋過去分詞」のhaveを過去形にして使います。

〈過去完了形〉…ある過去の一点から、別の過去の一点まで続いたこと

I **had been** in America until last March.

（私は去年の３月までアメリカにいました。）

「私」は、「去年の３月より前」からアメリカに滞在し「去年の３月に」滞在が終了した、と言い換えることができます。

この場合、**「いつから始まったか」**はあいまいですが、**「過去のある一点に終わって、現在は違う」**ことがはっきりしています。

左の図のように「現在に近い過去Aにつながる、より昔の過去B（大過去）」からの一定期間というイメージで、感覚的にとらえることが大切です。

一方、未来完了形は、haveの前に「単純未来のwill」を置きます。

〈未来完了形〉…未来の一点まで続くこと

I **will have been** in America until next March.

（私は来年の３月までアメリカにいます。）

過去完了形では「過去Bから過去Aまで続く状態」でしたが、未来完了形では「未来の一点まで続く状態」です。この例文では「来年の３月まで」と終了時期がはっきりしています。

完了形の「線時制」は、左の図のイメージを直感的に理解できるようになることが大切です。日常会話の中でもこの図を常にイメージして「今の文は、どの時制か」と考えを巡らせて慣れるようにしましょう。

121

「完了形」の 否定文と疑問文のつくり方

 過去分詞を残して、have のみ変化させる

日常会話の中で、完了形の肯定文は比較的多く登場しますが、同様に完了形の疑問文や否定文もよく使われる表現です。

基本的な考え方は、通常の否定文と疑問文と同じですが、文によって少し気をつけなくてはいけない場合があるので、順番に見てみましょう。

【肯】You **have eaten** dinner **already**.
（あなたは**すでに**夕食を**食べて**しまいました。）

このように、何かをやり終えた場合に使う典型的な完了形の文があるとします。alreadyは、学校の授業では「You have already eaten〜」のように文中に置くように教えられることが多いのですが、現代英語の傾向としては文末です。

この文を否定文にする場合、助動詞となったhaveにnotをつけて、以下のようにします。

【否】You **have not eaten** dinner **yet**.(not〜yetで「まだ〜していない」)
　　　(haven't)
（あなたは**まだ**夕食を**食べていません**。）

肯定文で使われていたalready（すでに）の替わりに、否定文ではnot〜yet（まだ〜していない）が使われています。「not〜yet」でセットに

して覚えましょう。haveの後の動詞は、過去分詞のままで使います。

　疑問文も、基本的な考え方は通常の文と同じです。助動詞を主語の前に移動して使います。

【疑】**Have** you **eaten** dinner <u>**yet**</u>?
　　（あなたは夕食を**もう**食べましたか？）

　疑問文の場合でもalreadyがyetに変わり、この場合は日本語の「もう〜した？」の意味となります。このような完了形の疑問文に返答する場合、次のようなパターンがあります。

Yes, I have.（はい、しました。）
No, I have not.（いいえ、していません。）
Not yet.（まだです。）

　ちなみに、三単現が主語となった場合は、doesの場合と同じようにhaveがhasに変化します。

【肯】She **has studied** abroad.（彼女は外国で勉強したことがある。）
【否】She **has not studied** abroad.（彼女は外国で勉強したことがない。）
　　　　(hasn't)
【疑】**Has** she **studied** abroad?（彼女は外国で勉強したことがありますか？）

　和訳する際、「現在完了形のどの用法？」という疑問を持つかもしれませんが「**あくまで完了形は時制であり、決まった訳にとらわれるべきではない**」ことを思い出してください。

　「alreadyやyetがつかない」「外国で学ぶ」という内容であることから状況的に判断し「〜したことがある」という和訳としています。

「完了進行形」は
期間内に継続したこと

 現在完了形に進行形の要素を盛り込む

　完了形の時制を把握できたら、次はもう1つの線時制である「完了進行形」について解説します。まず、次の文を英文にしてみましょう。

> 彼女は3時間ずっとテレビを見ています。

　この文を見ると、思わず「現在につながる過去だから、現在完了だ！」と考えて、次のように書いてしまいがちです。

> ▲ She **has watched** TV for three hours.

「彼女が3時間テレビを見た。」という意味は伝わりますが、このままでは「3時間見た状態が、**現在まで続いた**」というように、**テレビを見終わったようなニュアンス**で伝わってしまいます。そこで、**「ずっと見続けている」という「継続性」を伝えるために、現在完了の形に進行形の要素を盛り込む必要がある**のです。

　まず、「has watched」のように現在完了形の文をイメージします。次に、「進行形」の形である「be動詞＋〜ing」を導入します。

> ○ She **has been watching** TV for three hours.
> 　 have＋be動詞の過去分詞＋〜ing→現在完了進行形

これで、いわゆる「現在完了進行形」の文が完成しました。

完了進行形は、「完了形の時制に“ずっと〜している”を加える」というイメージでつくられたものだったのです。

この感覚を応用することで、「過去完了進行形」や「未来完了進行形」についても、下の図のように時制のイメージで整理できます。

〈過去完了進行形〉had been 〜ing（ずっと〜していた）
She **had been sleeping** until noon.
（彼女は昼までずっと寝ていました。）

〈未来完了進行形〉will have been 〜ing（ずっと〜しているだろう）
She **will have been sleeping** until noon.
（彼女は昼までずっと寝ているでしょう。）

図 2-9　完了進行形の時間軸

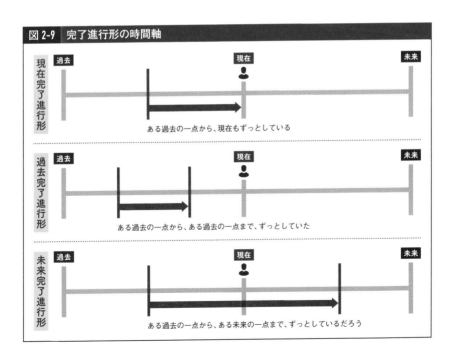

現在完了進行形：ある過去の一点から、現在もずっとしている

過去完了進行形：ある過去の一点から、ある過去の一点まで、ずっとしていた

未来完了進行形：ある過去の一点から、ある未来の一点まで、ずっとしているだろう

「仮定法」は「神様の時間」を表している

 ## 仮定法の「公式」は、いらない

　現在完了進行形まで終えたら、英語の時制はほぼ完了です。ただ、まだ時制の最後の砦が残っています。そう、「仮定法」です。

　一般的に、仮定法は高校英語の中の最難関と言われる項目で、私自身も高校時代にあまりの難しさにサジを投げてしまった記憶があります。

　なぜ、仮定法が難解なのかと言うと、なんと言っても、授業で習う「公式の複雑さ」が原因でしょう。

　「悪い例」として、仮定法の公式をおさらいしてみます。

【悪い例】「仮定法過去」の公式

もし〜だったら、…なのになぁ。

If＋主語＋**動詞の過去形**＋目的語＋α ,

　　　　主語＋**助動詞の過去形**＋動詞の原形＋目的語＋α

　　　　（could／should／might など）

→もし私が鳥だったら、あなたのところに飛んでいけるのに。

　If I **were** a bird, I **could** fly to you.

　この公式を見るだけで嫌になってしまうという人は多いのではないでしょうか？

　公式を覚えるだけで頭がいっぱいになってしまうと、文の持つ意味をじっくりと味わうことはできません。

第1章
英語の基本構造

第2章
時制

第3章
動詞から
派生した文法

第4章
コンビネーション
から生まれた文法

第5章
間違えやすい
英文法

ここで、はっきりと断言しておきます。**この公式は、きっぱり忘れてしまいましょう。**

私自身も、高校時代に仮定法の公式を暗記して習得しようとしましたが、なかなか習得できませんでした。

しかし、英語の歴史を調べていくうちに、**「時制の視点」から見ることに気づいた瞬間、即座に使いこなせるようになったのです。**

本書では、「公式の暗記」から離れ、感覚的に仮定法が理解できる方法を紹介します。

 ## 仮定法は、「奇妙なルール」

改めて、先ほどの英文を見てみましょう。

> もし私が鳥だったら、あなたのところに飛んでいけるのに。
> If I ~~am~~ a bird, I ~~can~~ fly to you.
>   were   could

本来、現在形の一人称の文なのに、am ではなく were が使われ、後半の節でも can ではなく could と、過去形が使われています。

このように、**仮定法では現在形なのに過去形を使い、主語の後の be 動詞が were になる**、という奇妙なルールがあります。

なぜ、このような不思議な方法で表現するようになったのでしょうか？

 ## 仮定法の起源は、英語の「敬語」にあった

仮定法がこのような不思議な用法になった理由は、やはり英語の歴史にあります。

英語は、今から約1500年前の古英語を起源として始まりました。

その後、キリスト教の普及にともなって、言語として成熟していきます。

キリスト教といえば、ご存じのとおり聖書を教典として英語圏に伝えら

れました。

　ただし、聖書は英語で書かれていませんでした。そのため、英語圏で普及させるには、英語に翻訳する必要があったのです。

　ところが、1つ、困ったことが起きました。それは、**「当時の英語に敬語が存在しなかった」**のです。

　なぜ、聖書の翻訳に敬語が必要だったかというと、旧約聖書は「神と人」の物語であり、新約聖書は神の子（または分身）である「イエス・キリスト」の物語です。

　旧約聖書には神が人間に罰を与えるエピソードがあり、新約聖書では神の分身であるキリストが様々な奇跡を起こします。

　つまり、キリスト教では、神は畏れ敬うべき存在だったのです。

　ヘブライ語やラテン語では、神や王など、尊敬しなくてはいけない人の行動を、人間の動詞とは区別した特別な単語で記述していました。日本語でいうところの「見る→ご覧になる」を、さらに強くしたイメージです。

　一方、様々な言語が混ざり合ってようやく成立したばかりの古英語には、そのような特別な動詞などは存在していませんでした。

　敬語がないからといって、人間が使う動詞と同じ活用を使って翻訳をしてしまうと「神と人間を同列にした」ということで、神の怒りを買ってしまうかもしれません。

　神罰を畏れた当時の神官たちは、**「人間と違う動詞の活用方法で、神の行動を翻訳しよう」**と考えたのです。

 動詞を変化させて「謙譲語」に

　しかし、動詞の活用法を変化させるにしても、新しい活用形や新しい単語をつくり出そうとすると、せっかくまとまってきた英語が再び煩雑になってしまいます。

　そこで神官たちが注目したのが**「時制の変化」**だったのです。

　人間が**神の領域の話をするときは、時制を一段下げることで、自分の立**

場を下げ、神に対し畏敬の念を示すことにしたのです。**考え方としては、謙譲語のような発想**です。

　つまり、文の本来の時制が現在形なら過去形で、未来形なら現在形で、過去形なら過去完了形というように、**「動詞の時制を一段下げる」**ことで、**「畏れ多い神の領域」の話をすることに畏敬の念を示す、謙譲語の意味を持たせる習慣が広がった**のです。

 ## 仮定法→「神しか実現できない話」

　ではなぜ、仮定法と「神への尊敬」が関係してくるのでしょうか？

　キリスト教が普及するにつれ、より英語とキリスト教の関係は密接になり、英語表現へ大きな影響を与えるようになります。

　その中で、日本語でいう「もし〜なら……」は、**「"神様にしか実現いただけない話ですが、" もし〜なら……」**というニュアンスで話されるようになったと考えられます。

　仮定法を使う場合の「もし〜なら……」という状況は、多くの場合、私たち人間が実現できそうにない「仮想の状況」を想定しています。

　キリスト教への信仰があつかった当時の人々は、仮定の話をするときに、必ず神の存在を意識して、動詞の時制を下げた表現をするようになったのです。

 ## 仮定法は「時制を一段下げる」だけ

　これを踏まえて、改めて最初の文を見てみましょう。

もし私が鳥だったら、あなたのところに飛んでいけるのに。
If I **were** a bird, I **could** fly to you.

　「私が鳥だったら」という前提は、明らかに人知を超えた状況です。

　神しか実現できない仮定の話をするのは、当時の人にとって非常に畏れ

多いことでした。そこで、**仮定の話をする際にも神を敬い、時制を一段下げて、神に対する謙譲語として話すようになりました。**

ではなぜwasではなくwereを使うかというと、「仮定の話」だということをより際立たせるためだと考えられます。

歴史的に見ると、「If I was〜」を使っていた時期もありましたが、最終的に「仮定の話のbe動詞は、すべてwere」に統一されています。

現代英語の表現としても、現在の話をしていたのに、唐突に過去形が登場し、一人称なのにwereが使われたら、すぐに「これは仮定の話だ！」と気づきます。

仮定法の奇妙なルールは、「神への尊敬」から始まり、現在は「仮定の話だとわかりやすくする」という実用的な理由から、「人間側の時制を一段下げる」という用法が残ったのです。

 ## 実例で見る、仮定法の「時制」

では、「仮定法の時制下げ」を、実例とともに見てみましょう。

(i)もし車を持っていたら、ドライブに行けるのになぁ。
If I **had** a car, I **could** go driving.

話し手は、「車を持っていない」のが前提です。話をしている瞬間に、車が目の前に現れることもあり得ません。

そこで、**神の領域を意識して、動詞の時制を下げた文にします。**その結果、もともと現在形だった動詞と助動詞を過去形に下げます。

(ii)もし、その時そこにいたら、彼に会えたのになぁ。
If I **had been** there at that time, I **could have met** him.

過去の話をしていることに注意します。「過去」から時制を一段下げると

きは、過去完了形の際に登場した「その過去より昔の過去B（大過去）」に時制が下がります。これにより、**過去の仮定を話すときは過去完了**の形が使われます。

　注意点としては、過去形に変わったcouldの後ろのhaveです。

　本来、「大過去」の時制に合わせて「could had met」としたいところですが、「助動詞の後ろの動詞は原形」の原則があるのでhaveに戻っています。

第1章
英語の基本構造

第2章
時制

第3章
動詞から
派生した文法

第4章
コンビネーション
から生まれた文法

第5章
間違えやすい
英文法

> **(iii) もし君が100円持っていたら、貸して欲しいんだけどなぁ。**
> If you **have** a hundred yen, I **want** you to lend me.

　これは、じつはひっかけ問題です。

　日本語訳を見るとわかるように、「100円を持っているなら」という仮定は、「その場でも十分に可能性のある話」です。

　そのため、ここでは「神に対する畏敬の念」が必要なく、現在形のまま話します。

　例えばこれが、「君が今、1億円持っているなら〜」という話であれば、仮定法を使って話す必要があるでしょう（相手が相当な資産家であれば別ですが）。

「神への畏敬の念」という前提を知っておけば、このようなひっかけ問題でも慌てずに使い分けることができます。

「時制の感覚」をつかむことができたなら、**「仮定法→神への畏敬の念で、時制を1つ下げる」**という、非常にシンプルな覚え方で仮定法を使いこなすことができるようになるのです。

「If」が登場しない 「仮定法」の使い方

 「wish」を使った仮定法

次は「ifが登場しない仮定表現」について考えてみます。まず、前項で解説した仮定をおさらいします。

> もし私がもっとハンサムなら、彼女と結婚できるのになぁ。
> <u>If I were more handsome</u>, <u>I could marry her</u>.
> 　　　　条件節　　　　　　　　帰結節（結論）

このように、ifを使った仮定の文では「もし〜だったら、……だ」という「条件節＋帰結節（結論）」の2つの文を合わせたものでした。

この文には、①「もっとハンサムだったらなぁ」と、②「彼女と結婚できたらいいのになぁ」という、2つの願望があることがわかります。

日常会話の中では、単に「〜だったらいいのになぁ」というシンプルな願望を言いたいときもあります。そのような場合は、ifを省略して「wish」を使うことで、この文を2つに分けることができます。

> ①もっとハンサムだったらなぁ。
> I wish I were more handsome. ←条件節のifは省略される

> ②彼女と結婚できたらいいのになぁ。
> I wish I could marry her. ←帰結節はそのまま抜き出せる

「突然ハンサムになる」や「何の理由もなく彼女と結婚する」というようなことは、「神に祈って実現してもらう仮定」が前提です。そのため、I wish 以下の節の時制を一段下げて表現しています。

 ## 「It's time 〜」を使った仮定法

仮定法を使った表現には様々な種類がありますが、その中で日常的に使う可能性の高いものが、もう1つあります。それが「もう〜の時間だ」という形です。

〈It's time 〜.〉

もう寝る時間ですよ。

It's time (that) you **went** to bed.

~~go~~

ここで、1つの疑問が浮かびます。

この文は、一見すると仮定法ではない、日常の何気ない一言です。しかし、that以下（thatは省略されることが多いです）の節の時制が1つ下がっています。

なぜかというと、「It's time 〜」と言った時点で、聞き手はまだ寝ていません。その場でベッドに瞬間移動して寝る、という芸当は、一般的にはできません。

そこで、仮定法の「神の領域」の概念が働き、「you went to bed」と、時制を下げた表現になるのです。

次のような類似した言い回しもあります。

It's about time 〜.（そろそろ〜の時間ですよ。）

It's high time 〜.（〜の時刻となった。）←現代ではあまり使われない

じつは「敬語」と「仮定法」は同じ考え方!

 英語に「敬語の表現集」は、存在しない?

　仮定法の項目で、「時制を一段下げることで、神に対する畏敬の念を示す」とお話ししました。

　ここでは、「英語の敬語」についてもう少し詳しく解説します。

　英語の敬語と言うと、多くの学習者は、「敬語の特殊な表現集を暗記する必要がある」と考えがちです。

　たしかに、英語には敬語的な表現があることにはありますが、**「敬語に対する考え方」**を学べば、より幅広く敬語表現を使えるようになります。

 英語にあるのは「謙譲語」だけ

　まず結論から言うと、**英語には謙譲語(自分を下げる表現)しかありません。**

　日本語のような尊敬語(相手を上げる表現)は存在しないと考えてください(ないわけではありませんが、使う場面は非常に稀です)。

　英語の敬語に対する考え方を説明するために、一般的な中学校の授業で習う、丁寧な言い回しについて考えてみましょう。

①Will you ～?(～してくれますか?)
②Can you ～?(～できますか?)

　①～②を丁寧な言い回しにすると、次のようになります。

①→Would you ～？（～してくれますか？）
②→Could you ～？（～してもらえますか？）

　このように**英語では、もともとの文を過去形にすると、丁寧な依頼を意味する謙譲語になります。**つまり、仮定法の考え方に由来するのです。

　キリスト教の影響を受けた英語は、「神に対する畏敬の念」を表すために、動詞の時制を下げるというルールをつくりました。それが、長い年月を経て使われているうちに、神だけでなく、王に対する謙譲語としても使用されるようになります。さらに時間が経つと、一般的に偉い人に対する謙譲語へと変化し、最終的に「目上の人への謙譲語」として、「時制を下げた表現」が使われるようになったのです。

　つまり、英語の敬語は**「自分の時制を下げた表現をする」という考え方だけで、いくらでも応用できる**のです。

　その一例を垣間見られるのが、映画『Back to the Future Part Ⅱ』の冒頭で、主人公家族に雇われていたビフ・タネンの次のセリフです。

I **wanted** to show you those new matchbooks for my auto dealing I **had printed** up!
（印刷した車会社の宣伝用マッチを、お見せしたいのですが。）

　このセリフも、目の前の人物に対して話しているにもかかわらず、wantedと過去形にしています。それに合わせて、「今」より以前に「印刷した」ということを「had printed」と大過去で表現しています。

　このように、自分の動詞の時制を下げることで、相手に対する謙譲語の表現として使えるのです。ただ、英語圏ではビジネス上でもフランクな付き合い方をするのが一般的なので、日本人が思うよりもへりくだった印象を与える点には注意が必要でしょう。

「仮定法の一種」だった条件副詞節

 ## 条件副詞節「もし〜なら、…する」

「仮定法の時制」の感覚がつかめれば、「**条件副詞節**」の使い方もすぐに理解できるようになります。

　条件副詞節とは、次のような文の前半部を指します。

もし明日晴れたら、私たちは海に行きます。

If it ~~will be~~ fine tomorrow, we will go to the sea.
　　　 is

　なぜこの前半部を「条件副詞節」と呼ぶかというと、「（私たちは海に）**行く**」という動詞を、「もし明日晴れたら」という「条件付きの節」で説明しているためです。

　動詞を修飾するものを副詞と呼びますが、この場合は単語ではなく、条件付きの節で修飾しているため、条件副詞節と呼ばれています。

　学校の授業では、「未来のことを話すif節は、willは使わずに現在形にしてください」と習います。

　ただ、この説明だけでは、「なぜ未来についてのifは、現在形なのか？」と、思考停止に陥ってしまうでしょう。

　やはり、この文も「仮定法の時制下げ」の法則が利いていると考えることができるのです。

「未来」についての仮定法

つまり、もともとのif節は、「it will be fine tomorrow」という未来形の文ですが、「仮定法の時制下げ」により、未来形から現在形へと一段下がったため、現在形へと変化したのです。詳しく見てみましょう。

> もし明日晴れたら、私たちは海に行きます。
> If it is fine tomorrow, we will go to the sea.
> 神のみぞ知る領域（→仮定法現在）

まず「もし明日晴れたら」という部分ですが、未来の天気は神しか知ることができません。現在のように高精度の気象衛星があったとしても、未来のことを確実に知ることは、人間には不可能です。

そこで、神が知る領域のことを話すために、謙譲語として、未来形から時制を一段下げて現在形にします。

一方、「we will go to the sea」の部分は、「未来の天気」とは異なり、人間がコントロールできる領域です。1％でも人間がコントロールできる可能性がある領域には、仮定法は使いません。そのため、この部分の時制は下げません。

このように、「神の領域」と「人間の領域」を分けて時制を考えることで、条件副詞節を仮定法の一種として、シンプルに説明できます。

つまり、「条件副詞節」は、本来は「未来についての仮定法（仮定法現在)」のことだった、と言うことができるのです。

「仮定法現在は別のものを指す」と反論をする人もいます。しかし、本章でお話しした「仮定法の根幹」をつかむことができれば、仮定法、敬語、条件副詞節をより自由に使いこなすことができるようになります。難しく考えずに「目上の人がいたら時制を下げましょう法」と、良い意味で大雑把にとらえるのが、これらの文法を使いこなす秘訣なのです。

「構造文法」と「感覚文法」

　学生時代の英語の授業を振り返ったとき、すべての英文法がまったく理解できなかったという人は少ないのではないでしょうか？

　多くの人は、「ある程度は理解できた文法」と「まったく理解できなかった文法」があったと思います。

　そこで、次ページの図の中から、学生時代に理解できなかった文法を探してみてください。

　おそらく、右側の「感覚文法」の枠に書かれている文法を選んだ人が多いのではないかと思います。

　じつは、英文法は、「感覚文法」と「構造文法」の2つに分けることができるのです。

　感覚文法と構造文法という言葉は私の造語で、意味は次のとおりです。

> 感覚文法：ネイティブが「直感」で理解している文法
> 構造文法：形を知ってさえいれば、とりあえずは使える文法

　構造文法は、日本語と英語の認識のズレが比較的小さいので、形さえ覚えてしまえば、なんとなくでも使うことができます。

　一方の感覚文法は、日本語と英語の認識のズレが大きいので、ネイティブがその文法を使うときの感覚までしっかり理解できないと、使いこなすことが難しくなるのです。習得のハードルが高い時制は、すべて感覚文法に入っています。

図 2-10 「構造文法」と「感覚文法」の違い

"構造"文法

日本語と英語の
認識のズレが比較的小さい

be動詞
一般動詞
疑問詞
基本5文型
冠詞
前置詞
接続詞
形容詞と副詞
助動詞
不定詞
be to 構文
分詞
動名詞
比較
受動態
使役動詞
関係代名詞
関係副詞

"感覚"文法

日本語と英語の認識に
大きな"乖離"がある

時制
仮定法
敬語
条件副詞節

次の文を見てください。

【過去形】　　I lost my ring.（私は指輪をなくした。）
【現在完了形】I have lost my ring.（私は指輪をなくしてしまった。）

　和訳だけを見ると、過去形の文も現在完了形の文も、同じ意味のように思えます。

　しかし、現在完了形の場合は、「指輪をなくして、今も見つけられていない」というニュアンスが含まれた文になります。

　一方、過去形の「I lost my ring.」のほうは、その後、指輪を見つけたかどうかがはっきりしません。

　このような微妙なニュアンスの違いは、「公式の丸暗記」をするような勉強では太刀打ちできません。

　英文法を学習する際、理解するのが難しいなと感じたときは、その文法が感覚文法なのか、構造文法なのかを確認してみるのも1つの手です。

　もし、感覚文法のほうであれば、「なぜ、この文法はこのような形なのか？」「なぜ、この文法が必要なのか？」「どのような場面でこの文法を使うのか？」という問いをより意識しながら、ネイティブの感覚をつかむことを目指して学習するように心がけてみましょう。

第3章

動詞から
派生した文法

動詞から派生した文法も 1つのストーリーでつなげる

　第3章では、「動詞から派生した文法」についてお話しします。

　英語は、日本語以上に「動詞」を中心として文法を発展させてきたという歴史があります。

　「動詞から派生した文法」を学ぶときは、まず「**助動詞**」を理解することが大切になります。助動詞は、「動詞の意味を膨らます」文法です。助動詞を使うことによって、1つの動詞が何倍もの意味に化け、表現の数を一気に増やすことができます。

　次が「**不定詞**」です。不定詞は、英文をつくるときに必ずと言っていいほど登場する文法です。相手に伝えたい内容を少し濃くすることができる"隠し味"的な文法になります。

　3番目に「不定詞」から派生した「**be to 構文**」を学びます。「be to 構文」は、じつは壮大な歴史の中で生まれた、"いい加減"な文法です。"いい加減"な文法を上手に使うことによって、活き活きとした英語らしい表現を生み出すことができるようになるのです。

　4番目は、「**分詞**」です。「分詞」と「不定詞」「be to 構文」は、"兄弟関係"にあります。どういうことかと言うと、「分詞」には、「不定詞」と非常に近い使い方があるのです。

　最後は「**動名詞**」です。「動名詞」も、やはり「不定詞」「分詞」と"兄弟関係"にあります。「動名詞」は、「不定詞」との使い分けがポイントとなります。「不定詞」「分詞」「動名詞」は、その文法が生まれてきた過程に合わせて学んでいくことが大切で、学ぶ順番を守れば、必ず理解できるようになっているのです。

　それでは、さっそく「動詞から派生した文法」を見ていきましょう！

第1章
英語の基本構造

第2章
時制

第3章
動詞から
派生した文法

第4章
コンビネーション
から生まれた文法

第5章
間違えやすい
英文法

図 3-1 第3章【動詞から派生した文法】の見取り図

動詞の意味を膨らませる文法

23 助動詞

動詞を「名詞」や「形容詞」「副詞」のように扱う文法

24 不定詞

「to＋動詞の原形」という不定詞に似た形の文法

25 be to 構文

動詞を「形容詞」のように扱う文法

26 分詞

動詞を「名詞」のように扱う捉う文法

27 動名詞

「will」の意味は
「未来」だけではない！

 will の「未来」以外の3つの意味

　助動詞 will は、ゲルマン語の「wilijo（意図）」に由来する言葉です。

　2章の「未来形」でも取り上げたとおり、**will は「意志で決めた未来」**を指し、be going to の「以前から決まっていた未来や、他人が決めた未来」と区別して使います。

　一般的な学校の授業ではここで話が終わってしまうようなので、もう一歩踏み込んで解説をしてみたいと思います。

　will の「未来」以外の意味は3つあります。

①will：必ず〜する、どうしても〜しようとする
②will often：よく〜する
③won't：どうしても〜しない

　1つずつ見てみましょう。

①will：必ず〜する、どうしても〜しようとする

In Japan, it **will** rain in June.（日本では、6月に雨が降ります。）

　このように、「必ず起きる」というような、当然のことについても will が使われます。

　もともとは「絶対に〜したい」というように意志を表明するために使われていた will ですが、長い歴史の中で「〜したい」の部分が薄れて「絶対

に〜する」の部分だけが残りました。

②will often：よく〜する

He **will often** come here.（彼はよくここに来ます。）

　人は何かをしようとするとき、必ず「〜したい」「〜しよう」という意志によって行動します。そのため、日常の行為についてもwillを使って表現するのです。

③won't：どうしても〜しない

This door **won't** open.（このドア、どうしても開きません。）
　　　　（will not）

　①「必ず〜する」を否定形にした形です。ここでも、意志の意味が薄れて、ドアなど意志を持たないものを主語にしても使います。
　won'tは「will not」の省略形ですが、なぜdon't（=do not）のように『willn't』とはならないのでしょうか？
　数多くの説がありますが、わかりやすい説としては「発音のしやすさによってwon'tとなった」というのがあります。
　英語の歴史の中で、実際にwilln't（ウィルント）を使っていた時期があります。しかし、文中に登場すると詰まってしまい、長い間使っているうちに「ウォント」と伸ばすようになった、というのです。
　もう1つの説は、やはり言いやすくするために「will not」のスペルからiとlが省略され「wnot」となり、nとoがひっくり返って「won't」になった、というものがあります。日本語でも、例えば「雰囲気（ふんいき）」などは発音しづらいため「ふいんき」とひっくり返って発音されることが度々あります。日本語の場合は漢字で「雰」と「囲」が分かれているため「ふんい」としなければ誤りとなってしまいます。

しかし英語は単なるアルファベットの組み合わせなので、発音しやすい「won't」へと自然に変わっていったという考え方があります。

 ## willの過去形「would」の使い方

次は、willの過去形wouldです。

wouldは、canの過去形couldと同じ「ould」の形ですが、もともとouldが過去を示す部分だったことに由来しています。

右の図のように、willの場合は「現在から未来」という意味で使われますが、**wouldの場合は、「過去のある一点から未来」**です。**「大過去から過去」の場合の他、「過去から、現在よりも未来」まで含む**ことがあります。

①would：〜するつもりだった（過去）

I **would** come here last night.

（私は昨夜ここに来る**つもりでした。**）

I **would** go to the cinema with you tomorrow, if you had asked me yesterday.

（昨日誘ってくれていたら、私はあなたと明日映画館に行く**つもりでした。**）

まず①は、willの単純な過去についての用法です。

右の図の「大過去」を起点として、「過去」や「現在よりも未来」の時点で何をするつもりだったのかを述べています。

②would：〜するだろう（現在・未来）

He **would** run fast with those shoes.

（彼はあの靴で速く走れる**でしょう。**）

②はもう1つのwouldの用法で、「確定していない未来をぼかして表現する」という形です。この用法は、過去とはまったく関係なく、**あくまで**

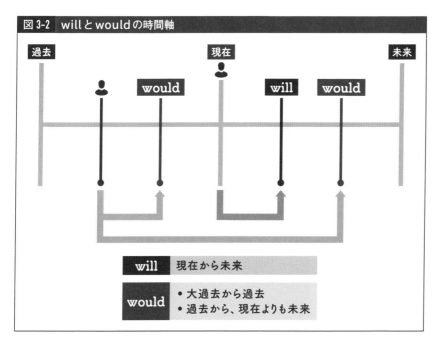

図 3-2 willとwouldの時間軸

過去　　　　　　　　現在　　　　　　未来

would　　　will　　would

will	現在から未来
would	• 大過去から過去 • 過去から、現在よりも未来

先のことについて話す用法であることに注意しましょう。

③would often：〜したものだ

I **would often** fish in this river.

（私はよくこの川で釣りをしたものです。）

「will often：よく〜する」の単純な過去形として、「would often」が
あります。

　willは、未来の形で使われることが多いので、学校の授業では「未来＝
will」と習うだけで終わることもあります。

　この辺りの使い方を知っていれば、will／wouldをしっかりと使いこな
すことができるでしょう。

「can」と「be able to」は何が違う？

 ## あいまいな「can」と「be able to」の違い

canは、「〜することができる」という意味の助動詞です。日常会話で非常によく使われます。

学校の授業では、canと同じ意味のフレーズとして「be able to〜」も教わったと思います。

私が多くのネイティブに、「canとbe able toの違い」について質問したところ、「なんとなく使い分けているけれど、あまり意識していない」という答えが大半でした。

「canとbe able toの違い」については、現代英語の世界では非常にあいまいになっているようです。

 ## 「can」の由来

しかし、ビジネスの現場などで正確に使い分けようとするなら、違いを明確におさえる必要があるでしょう。

次の文を見てください。

①can：（能力的に）〜することができる

I **can** swim, but I am not able to swim today, because I have a cold.

（私は泳げますが、今日は泳げません。なぜなら風邪をひいているからです。）

第1章
英語の
基本構造

第2章
時制

第3章 動詞から
派生した文法

第4章
コンビネーション
から生まれた文法

第5章
間違えやすい
英文法

この文を理解するため、canの由来をひもといていきましょう。

canはもともと、古英語の「cunnan（知っている）」という動詞に由来しています。

つまり、本来、「can swim」とは、「泳ぎ方を知っている（泳ぐ方法が体に染みついている）」という意味なのです。

その一方、「be able to〜」は、ラテン語の「habilis（状況的に〜することができる）」という単語に由来します。

したがって、「（能力的に）泳ぎ方は知っている（can）けれど、今日は風邪をひいているから（状況的に）泳げない（be not able to）」というのが正しい使い分け方になります。

ただ、英語を第2言語としている人の中では、使い分けできる人はあまり多くないのが実情です。

基本的には、意思の疎通ができればコミュニケーションは成功だと思いますが、正しく使いこなせるようになるに越したことはありません。**「canは（能力的に）〜することができる」、「be able to〜は（状況的に）〜することができる」**と捉えておけば、間違いないでしょう。

「〜できる」以外の使い方

canを「〜することができる」と訳すこと自体は、覚えてしまえば簡単です。

しかし、canには「〜することができる」以外の意味になる場合があるので注意しましょう。

②can：〜する可能性がある

It **can** rain today.（今日は雨が降る**可能性があります**。）

ビジネスの通訳や、書面などのしっかりとした文章が必要な場面では、①「〜することができる」よりも、この意味で登場する頻度が多いといえます。

「～することができる」にすると違和感がある場合、「～する可能性がある」という訳を考えてみるとよいでしょう。

③can：～してもよい

You **can** eat all those pizzas.
（それらのピザを全部食べてもいいですよ。）

　もともと「（能力的に）～することができる」としていた文が、長い年月の中で「（できるなら）～やっていいよ」という使い方を経て「～してもよい」という意味が残りました。
　この使い方は、後に説明する「may」と似ていますが、canでも同じような使い方ができます。

 過去形「could」の使い方は、2通り

　canの過去形**could**も、willのときと同様に、単純にcanの過去形としての意味で使われます。

①could：～することができた

I **could** pass the exam.
（私はその試験に合格することができました。）

　これは、単純にcanの過去形として「～できた」という意味で使う用法です。

②could：～できるだろう（婉曲）／～する可能性があるだろう

We **could** arrive at the station by ten.（10時には駅に到着できるでしょう。）
It **could** rain tomorrow.（明日は雨が降る可能性があるでしょう。）

「It can rain.」の場合では「雨が降る可能性がある」でしたが、could の場合は「可能性があるだろう」と、やや断定度合いが薄まります。

　じつは、**多くの言語において、「過去形にするとニュアンスが柔らかくなる」という現象が起きています。**

　例えば日本語でも、「よろしかったでしょうか？」などと、ニュアンスを和らげる認識で過去形が使われることがあります（正しい日本語かという問題は置いておいて）。

　人間の本能的な反応だと考えられていますが、はっきりとはわかっていません。

　もう１つの説としては、「仮定法の時制下げ」の理論と同様に、時制を下げることで立場が一歩引き下がり、ニュアンスが和らいでいるという考え方もあります。

 ## なぜ「can」に三単現のｓはつかないのか？

　canの用法については、以上です。

　ただし、まだ「なぜ、canは三単現の活用をしないのか？」という疑問が残っています。

　もともとcanは、古英語の「cunnan（知っている）」という単語に由来することは前述のとおりです。

　しかし、この単語は、他の一般動詞とは別の体系からきた言葉であり、ものすごく簡単に説明すると、「三単現のｓ」に値する活用をしていなかったのです。

　そのため、「三単現のｓ」のルールが完全にできあがる前から、活用するという概念から外れていたというわけです。

　古い文献の中には、誤ってcansと「三単現のｓ」がついているものも存在していますが、最終的に淘汰されて現在に至っています。

「may」は
神様を意識した言葉

 ## 「may」の語源は「神様」

canのように、「〜してもよい」という意味があるのが**may**です。

mayは謎の多い助動詞で、大きく「**〜してもよい**」「**〜かもしれない**」そして「**〜でありますように**」という3パターンがあります。

一見すると、共通点がありません。mayはなぜ、このように意味がバラバラなのでしょうか？

その答えは、語源にあります。mayの語源はラテン語で、古代ローマの神である「Maius（マイウス）」に由来し、後に「力を与える」という意味として使われるようになります。

マイウスは豊穣を司る神ですが、当時の産業はすべて農業に左右されていました。そのため、豊饒の神というのはその国や人に力を授ける存在だったのです。このような背景から、「マイウスという力を持つ神の名の下に、力を与える」というニュアンスでmayが使われるようになったのです。

またmayはゲルマン語のmægが語源という説もあり、意味は「have power」となります。いずれにしても「力」に関係することが語源です。

 ## 「may」には、3つの使い方がある

mayの実際の使い方と、その考え方について詳しく見てみましょう。

①may〜：〜してもよい
You **may** come in.（入ってきていいですよ。）

少し上から目線に感じる言い回しです。これはもともと「入ってくる力を与えます」というニュアンスがあったためです。もともと神の存在が前提にある表現と言えます。

②may〜：〜かもしれない

He **may** come here.（彼はここに来る**かもしれません。**）

「神にお願いしたらここに来るかもしれない」という意味が込められています。神の存在が意識された、宗教的な表現と考えられます。

③May〜：〜でありますように（祈願文）

May the force be with you!（フォースと共にあれ！）

映画『スター・ウォーズ』シリーズのお馴染みのセリフです。
「May, the force be with you.」と、Mayでいったん区切っています。
これには、「文頭で神（豊穣の神）に対する呼びかけをしている」という解釈があります。

あくまで語源を基にして（『スター・ウォーズ』の世界観とは別に）解釈するなら、「神よ、フォースが君にあらんことを」というニュアンスの文になっているのです。

このように、mayの3つの意味である「〜してもよい」「〜かもしれない」「〜でありますように」は、一見すると関連がないように思えますが、すべて「神に対する意識」が働いていたのです。

ちなみに、③の例文で「be」と原形になっていますが、単純に助動詞mayの後なので原形であるという解釈の他に、「神という絶対的な存在に呼びかけているから」という解釈もあります。

つまり、神は過去から未来に至るまで、一貫して変化することがない絶対的な存在であるため、神に対してはすべて原形の動詞を使う、という解

釈の仕方も存在します。

過去形「might」は「過去」ではない！

次はmayの過去形mightです。

wouldやcouldでは、第一の使い方として、「単純な過去形」がありました。

例えばmayなら「かもしれなかった」という使い方を思い浮かべる人がいるかもしれません。

しかし、**mayの過去形mightは特殊で、「単純な過去形」として使われることはありません。「時制下げによってニュアンスを和らげる」ために使われています。**

> ### might～：～かもしれないよ
> He **might** come here.（彼はここに来る**かもしれませんよ**。）

かつて「かもしれなかった」という使われ方をしていた記録がありますが、長い歴史の中でこの意味で使われることはなくなってしまいました。

mightは、wouldやcouldでも使われてきた「過去形でニュアンスを和らげる」使い方だけが残り、**mayの「かもしれない」よりも意味合いを弱めたい場合に使われます。**

mightの派生語も「力」に関係している

mayの過去形であるmightも、mayのもともとの意味に含まれていた「力を与える」というニュアンスを引き継いでいます。

例えば、形容詞のmightyは、strongなどよりも強い言葉で、圧倒的な力があるようなニュアンスで使われています。

The pen is **mightier** than the sword.（ペンは剣よりも強し。）

　この文は「情報は、暴力よりも人々に影響を与える」ことを指摘する名言として広く知られています（文中に使われている「比較」については後述します）。

　この場合のmightyは、「ペンは剣を支配する力がある」というように、他者を圧倒する力があるという意味で使われています。

　mightyも、語源とするmayのように「神の力」のような宗教的な意味合いが込められているのです。

　mightyをさらに発展させた単語に、**almighty**があります。この単語は「all＋mighty」という組み合わせでできていて、「全能の」という意味がある形容詞です。

　almightyの使い方として面白いのが、神に使う場合です。

　かつて、マーティン・ルーサー・キング牧師が、有名な「I Have a Dream（私には夢がある）」の演説で、次のような締め括りの言葉を残しています。

Thank **God Almighty**, we are free at last!
（全能なる神よ、感謝します。私たちはついに自由になれました！）

　形容詞Almightyが、名詞であるGodの後ろに来ていることに注目してください。

　なぜこのような順番かというと、「神（God）は最高の存在であり、すべてのものを下に従える存在であるため、形容詞すら前につけることができない」という考え方に由来していると言われています。

　このように、mayにまつわる歴史をひもとくと、英語に秘められた壮大な宗教観を感じることができます。

「must」と「have to」は語源で理解する

 「must」と「have to」の違いとは?

mustは、「～しなければならない」という意味で習う助動詞です。同じ意味の言葉として、have toがあります。

2つの違いをネイティブに尋ねても「ほぼ同じ」と答える人が圧倒的多数です。しかし、厳密に言うと違いがあります。そこで、2つの表現の"微妙な"違いを見てみましょう。

①must：～しなければならない

I must study more. (私はもっと勉強しなければいけない。)→**主観的**
We have to pay tax. (私たちは納税しなければならない。)→**客観的**

mustは「**自分がしなくてはいけないと思うこと**」ですが、have toは「**誰から見てもしなくてはいけないこと**」になります。

この違いは、mustの語源である古英語の「mōtan(〈自分の意思で〉～しなければならない)」の過去形「moste」からきています。

「We must pay tax.」にすると、「私たちは納税を(自分の意思で)しなければならない。」となってしまいます。

そこで、代用として使われたのがhave toなのです。haveの後ろの「to＋動詞」は、「Where to go?(どこに**行くべき**ですか?)」などのように、「**to do**」だけで「**～すべき**」という意味があります。「have to do」は本来、「**have / to do**」と区切って解釈するべきもので、「**すべきこと(to do)を、持っている(have)**」という隠れニュアンスがあるフレーズだ

ったのです。

②must：～するに違いない

He **must** win the game.（彼はその試合に勝つ**に違いない**。）

このmustの使い方は、一見すると「～しなくてはいけない」という①
の使い方とは大きく違います。しかし、古英語の「moste（～することを
許されている）」の意味で考えると、**「彼は、その試合に勝つことを（神に）
許されている」**という隠れニュアンスがある文だということがわかります。

使われていくうちに「神に許されている」というニュアンスが薄れ、「そ
うなるに違いない」という意味合いだけが残ったのです。

 「must」の否定文の注意点

mustの用法には、否定文をつくる場合の注意点があります。

must not～：～してはいけない／don't have to～：～しなくてもよい

【肯】You **must go** home.（君は家に帰らないといけない。）
【否】You **don't have to go** home.（君は家に帰らなくてもよい。）
【禁止】You **must not go** home.／**Do not (Don't) go** home.
（君は家に帰ってはいけない。）

mustの本来の意味は「～することを許されている」なので、must not
は「～してはいけない（～することを許されていない）」という禁止の意味
で残ってしまいました。一方、現代のmust（～しなくてはいけない）の
反対の言葉として的確なのは、「～しなくてもよい」という意味なので、
must notではニュアンスのズレが生じてしまいます。

そのため現代では、否定の際はhave toの否定形の「don't have to～
（"客観的に" する必要がない→～しなくてもよい）が使われています。

「should」にも 「宗教的な視点」がある

 「should」には、大きく分けて2つの意味がある

mayが「神を意識した助動詞」であることを説明しました。「～すべきだ」という和訳で習う should も、同じような背景を持つ単語です。

①should～：～すべきだ

You **should** read this book.（あなたはこの本を読む**べきだ**。）

「～すべきだ」という用法は、多くの人が理解していると思います。しかし、次の用法は、意外と知られていないのではないでしょうか？

②should～：～するはずだ

He **should** come to see you.（彼は君に会いに来る**はずだよ**。）

このように、shouldには「～するはずだ」という使い方があります。①よりも②の用法でshouldを使う場面が多いかもしれません。②の用法を知らないと、「彼は君に会いに来るべきだ」と訳してしまうでしょう。

なぜ、学校では日常会話でよく使う②ではなく、①の用法を強調して教えているかと言うと、日本の英語教育の伝統として「論文英語」がベースになっているためだと思います。他に、①「～すべきだ」と②「～するはずだ」という意味の関連性の説明が難しいこともあるかもしれません。

第1章
英語の基本構造

第2章
時制

第3章
動詞から
派生した文法

第4章
コンビネーション
から生まれた文法

第5章
間違えやすい
英文法

 じつは、宗教的な意味が込められていた「should」

なぜ、shouldに2つの意味があるかと言うと、mayと同様に**「神を意識した単語」**だからです。

shouldの語源は古英語の「sceal（負っている／義務がある）」です。宗教と生活が非常に密接だった古英語の時代に、「（神によって）義務づけられている」のように、宗教的な意味合いを込めて使われていました。

つまり、**2つの意味には「神によって義務づけられている」という、隠れニュアンスがあった**のです。それが、長い年月を経て「神によって」というニュアンスが薄まって、現代英語として残ったのです。

そのような視点でshouldを見てみると、①は「（神によって義務づけられているから）～すべきだ」、②は「（神によって義務づけられているから）～するはずだ」と、しっかりと共通点があることがわかります。

 shouldは「shallを和らげた表現」

①で紹介した「～すべきだ」は、「shallを過去形にして和らげた表現」と解釈できます。もともとの語源でもshouldはshallの過去形でしたが、現在では「～すべきだった」のような「単純な過去」の用法はありません。

未来形の項で、shallを「一人称で"強い意志未来"」、「二人称と三人称で"運命的な未来"」と紹介しました。**shallを過去形にすることで意味を弱めているのです。**

> You **shall** respect others. （君は他の人を尊重することになるだろう。）
> → You **should** respect others. （君は他の人を尊重するべきだよ。）

このように、「（運命的に）～することになる」という神を前提にしたニュアンスを和らげた結果、「～するべきだよ」という人間目線での表現に落ち着いたと考えられるのです。

「to不定詞」の用法を まとめて理解する方法

 to不定詞の「一般的な」教わり方のおさらい

　助動詞には、後ろに必ず動詞の原形を置くというルールがありました。必ず動詞の原形を置くもう1つの使い方として「**to不定詞**」があります。

　to不定詞とは、to doのように、「to＋動詞の原形」で使われる言葉で、学校では、「**名詞的用法**」「**形容詞的用法**」「**副詞的用法**」と、3つに分けて紹介されていると思います。

　まずは、不定詞のおさらいをしてみましょう。

---

①【名詞的用法（〜すること）】→目的語になる

I **like to play** the guitar.（私はギターを**弾くことが好き**です。）

　この用法では、「ギターを**"弾くこと"が好き**」と、like（好き）の対象として「to play」のto不定詞が使われています。このように「〜すること」と名詞のように使われていることから、この使い方は名詞的用法と呼ばれています。

---

②【形容詞的用法】→名詞を説明する

He wants **some water to drink.**（彼は飲むための水を欲しています。）

　ここでは「**"飲むための"水**を、欲している」と、名詞であるwaterを修飾するための言葉として「to drink」が使われています。名詞を修飾するのは形容詞の役割であるため、形容詞的用法と呼ばれています。

③【副詞的用法】→述語を説明する

He **came to say** good-bye to us.（彼は私たちに別れを**告げるために来た。**）

　副詞的用法は、形容詞的用法の述語版です。この文では「別れを**"告げるために"** 来た」と、述語のcame（来た）を修飾する役割で「to say」が使われています。

　以上が、日本で英語を教わる場合の「to不定詞の一般的な解釈法」です。

 本当のニュアンスは「〜することに対して（向かって）」

　じつは、to不定詞の隠れニュアンスを知ると、これらの用法をすべてひとまとめで理解できます。

　to不定詞の本来のニュアンスから、これらの用法を見直してみましょう。

　学校の授業では、「to不定詞のto」は、go to〜などのような一般的な前置詞の使い方と区別した "例外的な使い方" として扱われていると思います。

　しかし、英語の歴史を調べていくと、じつは古英語の時代には一般的な前置詞のように使われていたことがわかります。

　古英語の時代、「to＋動詞の原形」は次のような形で存在していました。

〈古英語〉　　**to**　　＋　　**動詞の原形**
（前置詞）〜に対して　　（名詞）〜すること
　　　　　〜に向かって

　当時のtoは、「トゥ」ではなく「トォ」と発音されていましたが、現代の意味である「〜に対して／〜に向かって」と同じ意味でした。

　一方の「動詞の原形」は、これまでも説明したとおり、原形だけで「〜すること」という名詞として使われました。つまり、to不定詞とはもとも

と「to＋動詞の名詞形」だったと言うことができるのです。

　すると、**to不定詞は、「〜することに対して／向かって」**という、「前置詞＋名詞」がもともとの形だったのです。

「〜することに対して／向かって」だけですべて解釈できる！

　では、古英語から見たto不定詞の本来の意味である「〜することに対して／向かって」を踏まえて、先ほどの３つの用法を見てみましょう。

①【名詞的用法（〜すること）】→〜することに対して

I **like** to **play** the guitar.
（私はギターを弾くことに対して**好きな気持ちがあります**。）

　これは本来の意味に近い解釈が可能な用法です。このtoには、**「like（好き）という動詞が、playという方向に向いている」**ということを意味する、「方向を示す前置詞のto」の意味があったのです。

②【形容詞的用法】→名詞を説明する

He wants **some water to drink**. （彼は飲むための水を欲しています。）

　これは、**「"drink（飲む）という将来の行動に向けての水（some water）を"、wants（欲している）」**という意味です。少し難しい解釈ですが、「飲むことに向かっている」という、古英語の「to＋動詞の原形」と同じニュアンスで理解することができます。

③【副詞的用法】→述語を説明する

He **came to say** good-bye to us. （彼は私たちに別れを告げるために来た。）

　この用法も同じように、**「別れを告げる（say good-bye）という行動**

に向かって、やって来た（came）」と理解することができます。

　このように、to不定詞は、**本来の意味である「～することに対して／～することに向かって」という意味で覚えることで、3つの用法をまとめて理解することができるのです。**

　②③のように「to＋動詞の原形」には、**少し先の未来を示すニュアンスがあります。**英語圏の新聞の見出しには、前日起きたばかりのことについては現在形で書くという暗黙のルールがあります。逆に、少し先のことについては、以下のようにto不定詞を使います。

> U.S. President **to visit Japan**. （アメリカの大統領が日本を訪れる［予定］）

　to不定詞の本来の意味から、**「少し先の行動」という隠れニュアンスがある**ことも覚えておくとよいでしょう。

なぜ「不定詞」と呼ばれるのか？

　文法書に必ず登場する重要な用法ではあるものの、不定詞という名称の由来は、あまり知られていません。まずは、その由来から解説しましょう。

> I **go** to the station **to see** my friend.
> （私は友達に会うために駅に**行きます**。）
> He **goes** to the station **to see** his friend.
> （彼は友達に会うために駅に**行きます**。）

　述語となっているgoは、「三人称の場合はgoes」のように、主語によって形が限定されています。

　一方で、「to see」は、主語が一人称でも三人称でもto seeが使われ、主語によって形が限定されません。つまり、**「主語によって形が限定されない（変化しない）言葉」という意味から「不定詞」と呼ばれている**のです。

「be to 構文」は "厳密"に訳してはいけない

 間違いだらけの「be to 構文」の使い方

　学校の授業では、to不定詞の使い方を理解した後に、「be to 構文」を教わります。be to 構文とは、次のような文を指します。

> ### 主語＋be動詞＋to＋動詞の原形
> She **is to study** Spanish on this afternoon.
> （今日の午後、彼女はスペイン語を勉強しなくてはいけません。）

　一般的に、学校では、次のように教わります。

「この is to は、助動詞として働きます。使い方としては、will（予定・意志）、can（可能）、must（義務）、should（運命）のどれかの意味で使います」

　このように習った後、よくテストでは、「ここで使われている is to は、次のうち、どの用法ですか？」といった設問が出たりします。

　しかし、これは絶対にやってはいけない学び方です。なぜなら、<u>「be to 構文」は、英文法の中で最もいい加減</u>なものだからです。

　日本の英語教育は、試験のためという側面が強く、どうしても「1つの正解」を求めがちです。

　しかし、言語というのは、あくまでコミュニケーションのツールです。正解が1つとは限らないのです。

　特に be to 構文の場合、成立した歴史をひもとくと、いかにいい加減な文法だったかがわかります。

ノルマン人によって生み出された「be to 構文」

be to 構文の始まりは、1066年のノルマン人の征服までさかのぼります。前述のとおり、フランス北部ノルマンディー地方の君主がブリテン島南部地域を征服し、ノルマン人が当時のイギリス人を支配下に置きます。

通常、戦争の勝者が敗者を支配下に置き、自分たちの言語で相手を支配します。しかし、ノルマン人が話していた古フランス語は、文法が非常に複雑で、イギリス人にまったく普及しなかったのです。

このままでは統治が難しいと困ったノルマン人は、文法が簡単な古英語を覚えて、古英語と古フランス語を混ぜながら支配するようになります。これが、古英語と古フランス語が織り交ぜられた中英語が成立した理由です。そして、同時にできたのが、このbe to 構文なのです。

支配者層のノルマン人は、被支配者が使う古英語をまともに学ぶ気がありませんでした。

その傾向が顕著だったのが、be going to (will)、be able to (can)、be supposed to (shall) といった「be〜to＋動詞」の使い方をするフレーズでした。ノルマン人は、goingやable、supposedといった単語の使い分けを面倒に感じ、真ん中の単語を省略することを思いつきます。**be going toやbe able to、be supposed toといった表現の真ん中をすべて省略し、「be to＋動詞」に統一した**のです。

つまり、**be to 構文は、ノルマン人の怠慢の産物だった**ということです。

そのため、**be to 構文には、goingやable、supposeなどの意味が混在している**のです。

現代英語では、日常会話で使われることのあまりない古い表現ですが、これを逆手にとって、5つの用法の意味をぼかして、混ざり合ったニュアンスの文として使用される傾向があります。

be to 構文は、けっして「どの用法が適切か？」と特定するようなものではなく、「ニュアンスで読み取る」のが正解の文なのです。

165

動詞を形容詞として使う「分詞」

 分詞は、「形容詞として使いたい動詞」

　to不定詞では、「to＋動詞の原形」を使って、名詞や形容詞、副詞のように使う方法を紹介しました。次は、似たような用法として**分詞**を紹介したいと思います。

　分詞には、「**現在分詞**」と「**過去分詞**」の２種類があります。結論から言うと「**分詞は、動詞を形容詞として使うときの文法**」です。

「分詞」は、「動詞に形容詞の意味を**分**け与えた**詞**」という意味でつけられた名前です。とてもわかりにくい名前ですね。私自身は、「動形容詞」と呼んだほうがわかりやすいと思っています。

　現在分詞の形は、「動詞のing形」で統一されていますが、過去分詞は「動詞＋ed」の規則動詞と、固有の活用形がある不規則動詞があります。

　規則動詞と不規則動詞がある理由は、過去形の項目でお話ししたとおり、もともと不規則だったものが、後に簡略化するためにedをつけるようになったからです。その中で、すでに広く使われていたので変更できなかったものが不規則動詞として残っています。

　なぜ「現在分詞（present participle）」と「過去分詞（past participle）」と呼ばれているかと言うと、その意味に由来しています。

　現在分詞の場合、「〜している……／〜しながら……」と「その瞬間に何をしているのか」という意味を示すのでそう呼ばれています。

　一方の過去分詞は、「〜された……」のように過去のニュアンスがあるため、現在分詞と対比させてやや強引に過去分詞と呼ばれています。この２つの名称は、文法的にあまり重要ではありません。

分詞は、それぞれ4つの用法で登場

では、分詞がどのような場面で使用されるのかを見てみましょう。

現在分詞

形容詞用法　叙述用法　進行形　分詞構文

過去分詞

形容詞用法　叙述用法　受動態　完了形

　このように、各分詞はそれぞれ4つの用法で使われますが、本項では、「形容詞用法」と「叙述用法」について説明します。

「進行形」と「完了形」についてはすでに時制の項で紹介しました。

「受動態」については第4章、「分詞構文」については第5章で、それぞれ別の項目として改めて解説します。

 ## 分詞を使って名詞を修飾する

　では、分詞を形容詞として使う「形容詞用法」について見てみます。

　形容詞用法では、現在分詞と過去分詞でそれぞれ次のように使われます。

現在分詞

Do you know the **crying girl**?
（その泣いている女の子を知っていますか？）

Do you know the **girl crying on the bench**?
（そのベンチで泣いている女の子を知っていますか？）

167

Look at the broken window.
(その壊れた窓を見てください。)
Look at the window broken by him.
(**彼によって壊された窓**を見てください。)

　現在分詞では、動詞のing形が「〜する／〜している／〜しながら」という意味で使われ、「泣いている**女の子**」と、名詞のgirlを修飾しています。
　過去分詞も同様で、「〜される／〜された／〜されている」という意味で使われ、「**壊された窓**」と、名詞のwindowを修飾しています。

 ## 名詞の前に置くか、後ろに置くか

　分詞を使う場合に注意したいのは、分詞を名詞の「前に置くか、後ろに置くか」という問題です。
　先ほどの例文で、基本的に分詞のみが直接名詞を修飾する場合、

Do you know the **crying girl**?
Look at the **broken window**.

というように、名詞の直前に分詞を置きます。一方、名詞を修飾するのが形容詞句（単語の集まり）になると、次のように名詞の後ろに置きます。

Do you know the **girl crying on the bench**?
Look at the **window broken by him**.

　この使い分け方は、感覚としては「**文節**」に区切ってみて、「**2文節以上になると名詞の後ろに置く**」と考えると理解しやすいと思います。

168

図 3-3　2文節以上になったら、分詞は名詞の後ろに置く

現在分詞

Do you know the crying girl?

Do you know the girl crying on the bench?

過去分詞

Look at the broken window.

Look at the window broken by him.

　文節は、語尾に「ね」をつけるようにして区切る、という判別方法があります。

分詞を名詞の前に置くパターン

(the) crying (girl)（泣いている [ね]）→ 1文節

(the) broken (window)（壊れた [ね]）→ 1文節

分詞を名詞の後ろに置くパターン

(the girl) crying on the bench

（ベンチで [ね] ／泣いている [ね]）→ 2文節

(the window) broken by him

（彼によって [ね] ／壊された [ね]）→ 2文節

　文節が少しわかりにくいと思う人には、**「分詞と一緒に使う単語が2語以上になる場合は名詞の後ろ」**という裏技的な覚え方もあります。

　分詞で修飾する言葉が2文節以上になる場合、基本的に2語以上の単語でつくる必要があるので、結果として同じように使いこなすことができます。

　実際に使う場面では、どちらで覚えていても正解は同じになります。覚えやすいほうで使ってみてください。

分詞の「性質」と「状態」の使い分け方（叙述用法）

　形容詞用法の次は、**叙述用法**について見てみます。叙述用法では、be動詞の「性質」と「状態」を語るための形容詞として、次のように使います。

①The movie **was** so **boring** to me.
　（その映画は、私にはとても**退屈**でした。）
②I **was** so **bored** when I saw the movie.
　（その映画を見たとき、私はとても**退屈**でした。）

　boreは、「〜を退屈させる」という意味の単語ですが、これを分詞として使う場合、文によって「現在分詞と過去分詞のどちらを使うべきか」という問題があります。使い分けのポイントは、次の2通りです。

①現在分詞…変わらない「性質」
②過去分詞…一時的な「状態」

　①の場合、「その映画」が「退屈」だという認識は「将来的にも変わらないだろう」というニュアンスを含んでいます。1週間後に見ても、1年後に見ても、おそらく退屈だと断定しています。つまり**「その映画は退屈なものだ」と、その映画の性質について語った文**なのです。一方、②の場合、「その映画を見たとき」に「自分が退屈した」と、一時的な状態を語っています。1週間後に友達と一緒に見たら、もしかすると面白いと感じるかもしれません。つまり**「その時は退屈した」と、その時点での状態について語った文**だと言えるのです。
　interestingやinterestedは、中学校で形容詞として教わることが多い単語ですが、分詞として見ると、**もともとは動詞のinterestを形容詞化したもの**であることがわかります。

「動名詞」と
「to不定詞」の使い分け方

第1章
英語の基本構造

第2章
時制

第3章
動詞から
派生した文法

第4章
コンビネーション
から生まれた文法

第5章
間違えやすい
英文法

 「to不定詞」も「動名詞」も同じ意味で使える場合

　現在分詞と同じ「動詞＋ing」を使った形として、次に「動名詞」を紹介します。

　動名詞は、その名の通り**「名詞として使う動詞」**で、「～すること」という意味で使います。前述の分詞は、形容詞として使うので、「動形容詞」と認識すると、理解しやすくなります。

　「名詞として使う動詞」は、to不定詞でも登場しました。多くの場合、次のようにto不定詞と動名詞のどちらも同じ意味で使用できます。

> I love to swim.＝I love swimming.（私は泳ぐことが好きだ。）
> ★like（～が好き）、love（～を愛する）、hate（～を嫌悪する）、start（～を始める）、begin（～を開始する）、continue（～を続ける）など

　このように、多くの場合は「～することを…する」という意味で、不定詞でも動名詞でも同様の意味になります。

　その一方、使い分けをしないと意味が変わってしまう動詞もあるので注意が必要です。

 to不定詞しかとらない動詞は「未来」のニュアンス

　動詞の中には、動名詞を使わずにto不定詞しか使えない動詞が存在します。この場合、動名詞と合わせて使うと誤りになってしまうので注意しましょう。

171

★hope to (〜を望む)、promise to (〜を約束する)、decide to (〜を決意する)、choose to (〜を選ぶ)、plan to (〜を計画する)、agree to (〜を合意する)、expect to (〜を期待する) など

○ I **decided to go** to America.
（私はアメリカに行くことを**決めました**。）
× I **decided going** to America.

　to不定詞は「〜することに向かっている」という、**未来的な隠れニュアンスがある**ことを思い出してください。この隠れニュアンスを出すために、動名詞と区別する必要があるのです。**未来のことなど、まだ起きるかどうかわからないことについて語る動詞では、to不定詞**をとります。

 動名詞しかとらない動詞は「過去」のニュアンス

　反対に、動名詞しかとらない動詞もあります。

動名詞しかとらない動詞

★enjoy 〜ing (〜することを楽しむ)、finish 〜ing (〜することを終える)、mind 〜ing (〜することを気にする)、give up 〜ing (〜することを諦める)、practice 〜ing (〜することを練習する)、put off 〜ing (〜することを延期する)、dislike 〜ing (〜することを嫌う) など

○ I **enjoyed listening** to music. （私は音楽を**聴く**ことを**楽しみました**。）
× I **enjoyed to listen** to music.

　to不定詞の場合は、「起きるかどうかわからない、将来についてのこと」でした。一方、動名詞の場合は、「起きることが確定している／すでに起きたこと」が前提です。enjoyの場合、「起きたこと」でなければ楽しむことができません。

　そのほかにも、finishは「すでに終えたこと」が前提となる動詞です。mindは「起きると確定している」ことを「気にする」という動詞です。likeはto不定詞でも動名詞でも問題ありませんが、対義語のdislikeは「すでに起きたこと」を「嫌う」という動詞なので、動名詞しか使われません。

　このように、**to不定詞の場合は「起きるかどうか不確定な動詞」が使われ、動名詞の場合は「起きることが確定している動詞」が使われる、という区別の仕方がある**のです。

「未来」と「過去」で使い分ける動詞

　最も気をつけなくてはいけないのが、to不定詞と動名詞の両方が使えて、意味が変わってしまう動詞です。高校の英語のテストなどで出題されることが多いのですが、先ほどのto不定詞と動名詞の使い分けを応用することで、簡単に使いこなせるようになります。

①remember（覚える）／forget（忘れる）

I **remember** **to call** her.（私は彼女に電話することを覚えています。[**未来**]）

I **remember** calling her.（私は彼女に電話したことを覚えています。[**過去**]）

I **forgot** **to lock** the door.

（私はドアをロックすることを忘れていました。[**未来**]）

I **forgot** locking the door.

（私はドアをロックしたことを忘れていました。[**過去**]）

　to不定詞は「不確定の未来」、動名詞は「確定したこと」という違いを

踏まえて考えてみましょう。

　to不定詞の場合、未来のことを指すので「～しようとしていたこと」を「覚えている」「忘れている」という意味になります。つまり、rememberの場合、to不定詞を使う「remember to～」では、「（これから～すること）を覚えている」という、未来のニュアンスが含まれた意味になります。

　一方で、動名詞の「remember ～ing」の場合、すでに起きたことが前提のニュアンスになるため「（すでに～したこと）を覚えている」となります。この使い分け方は、forgotの場合でも同様に考えることができます。

　to不定詞を使う「forgot to ～」の場合は「（これから～すること）を忘れていた」という未来のことを意味します。

　その一方で、動名詞を使う「forgot ～ing」では「～したことを忘れていた」と、過去にしたことを前提にした意味になります。

　もう１つ、気をつけなくてはいけない動詞がstopです。これも同じような考え方で区別しますが、ニュアンスがより大きく変わってしまいます。

②stop to～：～するために立ち止まる／stop～ing：～をやめる

I **stopped to smoke**.（私はタバコを吸うために**立ち止まった**。）
I **stopped smoking**.（私はタバコを吸うことを**やめた**。）

　stop ～ingを使う場合も、動名詞では「すでにしたこと」に対するニュアンスが働くため、「（すでに行っていた）～することをやめた」という意味になります。この場合は「（習慣化していた）喫煙をやめた（禁煙した）」ということです。to不定詞の場合、「これからすること」という未来のニュアンスが働くので、「（これから）～することに向かって止まった」という意味になります。stopの場合、「立ち止まる」という意味があるため、「～するために立ち止まった」となります。

　一見すると、動名詞とto不定詞の使い分けは難しいのですが、隠れニュアンスを理解することで、１つ１つの単語を覚える必要はなくなります。

第4章

コンビネーション
から生まれた文法

文法の「形」が生まれた "理由" を理解する

　第4章では、「比較」、「受動態」、「使役動詞」、「関係代名詞」、「関係副詞」という「構造文法」についてお話しします。

　第4章で取り上げる文法は、特に、学生時代に公式の暗記だけで済まされてしまい、文法そのものへの理解が伴わない傾向にあるものばかりと私は考えています。

　まず、1つ目の「比較」は、学校の授業では「構造」ばかり説明されて暗記を強要させられますが、その「誕生の秘密」をしっかり理解していないと、瞬時に正確に使うことはできないのです。

　次に登場する「受動態」も、学校では「能動態⇔受動態」の書き換えばかりをやらされますが、受動態の「誕生の秘密」を知ると、正しく使いこなせるようになります。

「使役動詞」についても、学校では公式の暗記ばかり強要されがちですが、じつは、とてもデリケートなニュアンスの使い分けがあります。

「関係詞」を学ぶときは、必ず「関係代名詞」⇒「関係副詞」の順番を守りましょう。

「関係代名詞」と「関係副詞」は別物だと思っている人が多いようですが、じつは、「関係代名詞」を応用させたものが「関係副詞」です。「関係代名詞」の理解なくして「関係副詞」は成立しません。

　それでは、さっそく「コンビネーションから生まれた文法」を見ていきましょう！

図 4-1 第4章【コンビネーションから生まれた文法】の見取り図

何かを比較するときに用いる文法

28 比較

受け身の文をつくるときに用いる文法

29 受動態

誰かに何かをさせる／してもらうときに用いる文法

30 使役動詞

２つの文を１つにまとめるときに用いる文法

31 関係代名詞

関係代名詞を副詞として使う文法

32 関係副詞

「比較文」は シンプルに「直訳」で!

 イコールの形の「同等比較」

　ここまで、時制感覚やニュアンスなど、感覚に頼る文法がメインでした。

　第4章では、感覚の要素がほぼなくなり、文の構成や組み立てなどの、構造から理解する文法について解説します。

　ここでも、大切なのは、**「公式の暗記」に頼らないこと**です。

　これまで何度か触れてきた通り、学校で教わる「公式」のほとんどは「意訳の一例」でしかありません。

　そのため、英文を日本語にする際に強引に解釈できることはあっても、日本語を英語にする際に文をつくれなくなってしまうのです。

　まずは、「同等比較」から見てみましょう。

 イコールの形の「同等比較」の構造

　同等比較とは、「AはBと同じくらい〜だ。」という文です。

A be as 〜 as B：AとBは同じくらい〜だ。

He **is as tall as** I (am {tall}).（彼は私と同じくらい背が高い。）
　　　　　(so)　　　me.

　この文自体は、中学校の英語でも登場します。asとasの間に形容詞や副詞を挟み、その後Iやmeを置きます。

　「Iとme、どちらが正しいのか?」という疑問を持つ人がいると思いますが、どちらも正解です。

第1章
英語の基本構造

第2章
時制

第3章
派生から
した文法

第4章
コンビネーション
から
生まれた文法

第5章
間違えやすい
英文法

厳密に言えば、Iのほうが本来の表現に近い形と言えるでしょう。

同等比較の文においては、HeやIなどの主格を使ってイコールの関係性をつくるのが、本来の形です。

A	=	B
He is	**as tall** as	I am tall.
(彼は	同じくらい背が高い　～と比べて	私は背が高い。)

このように、もともとは「as tall as」が「He is」と「I am tall」を「背の高さの観点で同じ」とつなげる文でした。

文法的には、最初のasは「同じくらい」という意味ですが、2番目のasは、次に「主語と述語（I am tall)」が入るため、接続詞の働きをします。一方、「He is as tall as me.」とした場合は、「me」が代名詞なので「as」は前置詞になります。

同等比較の文では、この2つのasを使うことで「He is tall」と「I am tall」の対等関係が成立しています。

一般的に、実際の会話では「He is as tall as I.」と、「am tall」を省略して話します。英語は常に簡略化しようとする傾向があるので、同じ表現の繰り返しをできるだけ避けようとするのです。

その他、最初のasをsoに変えて「He is so tall as I.」にすると、形容詞tallを強調気味に話すニュアンスで伝わります。

⚙ 比較は直訳したほうがいい

英語を日本語に翻訳するとき、比較の文に限っては、意訳よりも直訳のほうが簡単に感じるでしょう。

じつは、英文法の中で、比較文は最も細分化されているため、すべてを網羅しようとすると、どの文法よりも項目数が多くなってしまいます。

その分、同等比較のように、1つひとつの単語の役割がきっちりと決ま

っているのも大きな特徴なのです。

　比較文は、文法項目数が多いため一見すると複雑に思えます。ところが、各単語の役割をそのまま日本語にしていくと、思いのほか、あっさりと訳すことができてしまうのです。

　そこで、構造文法では、それぞれの単語の役割を丁寧に確認します。

　公式の丸暗記では絶対に到達できない、その文法の本当の姿が理解できるようになりライティングやスピーキングが見違えるように上達するはずです。

⚙️ 「同等比較」の否定文

　まず、同等比較で注意しなくてはいけないのが、次のような否定文のパターンです。

> 　　　　　　(so)
> He is **not as tall** as I (am tall). (彼は、私ほど背が高くない。)

　日本語では、思わず「彼は私と同じくらいの背の高さではない。(＝単に背の高さが違う)」という意味に訳してしまいそうになります。

　しかし、実際にネイティブがこの言葉を聞いたら、「彼は私ほど背が高くはない(＝彼のほうが低い)。」という意味でとらえるでしょう。

　tallという単語は「背が高い」という意味なので、その否定は「彼は背が高くはない」という意味です。

　ここでは「(私と比較して)背が高いかどうか」が焦点になっているので、**「(私と比較して)背が高くない→私のほうが背が高い」**という意味になるのです。

　比較文を翻訳する際は直訳をするのがコツですが、あくまで英文の構造上の直訳です。

　必ずしも日本語と英語の形容詞は、イコールの関係になっているわけで

はないので、形容詞のニュアンスの差を調整する程度の意訳は必要になります。

⚙️ 「優劣比較（AはBより～だ）」の本当の構造

同等比較の次は、「**優劣比較**」の文を見てみましょう。

優劣比較とは「AはBより～だ」という形の比較文のことです。

同等比較の場合、形容詞を活用しない「原級」を使っていましたが、優劣比較の場合は形容詞の語尾に「er」をつけたり、形容詞の前に「more」をつけたりした「比較級」という形に活用させて、次のように使います。

まずは、語尾に「er」がつくパターンを見てみましょう。

A be ～（＋er）than B：AはBより～だ。

He is **taller than** I (am tall). （彼は私より背が高い。）

このように、「be＋形容詞の比較級＋than」の後に比較対象であるBを置いて使います。

学校の授業ではよく「than：～より」として教わりますが、じつは、thanは「～と同等に並べると」という意味で使われています。

He is	tall**er**	**than**	I.
彼は	より	～と同等に並べると	

→ 「彼は、私と同等に並べると、より背が高いです。」

本来の文では、「**than：～と同等に並べると**」であり、「～より」の意味は、形容詞の比較級である「**taller**」が担っています。

つまり、上の文の本当の意味は「彼は、私と同等に比べると、より背が高いです。」という文章構造だったのです。

もともと、英語は究極に簡略化を進めてきた言語です。そのため、「than

＝～より」であるならば、「taller」の「er」は必要ありません。

ではなぜ、わざわざ形容詞にerやmoreをつけるかと言うと、「thanは"～より"という意味ではない」からです。

この比較文の構造をしっかり理解することで、より複雑な優劣比較の文が登場しても、きれいに和訳できます。

また、自分で作文する場合も、迷いなく英文をつくれるようになるでしょう。

このような解説をすると、「でも、辞書を引くと"than＝～より"と出てきますよ」と聞かれることがあります。もちろん、辞書でthanを引くと「～より」と出てくるでしょう。

なぜかと言うと、「辞書はあくまで翻訳の手引きであって、文法書ではない」からです。

実際の通訳や翻訳の場面では、辞書にはない文法の使い方や、単語の訳し方をしなくてはいけない場面は山ほどあります。

英和辞書は、あくまで「だいたいこの和訳にするとよい」と参考にする程度と考えましょう。

moreの場合「優劣比較（AはBより～だ）」の本当の構造

次に、「moreを形容詞の前に置くパターン」の比較級について、考えてみましょう。

比較級は、「tall**er**」のように語尾に「er」がつく場合と、「**more** interesting」のように「more」を前につけて比較級とする単語があります。

「er」の場合と「more」の場合の見分け方については、「intere**sting**」のように、「音節が3つ以上の単語の場合にmoreがつく」と習った人が多いと思います。

たしかに、3音節以上の単語にmoreがつく場合がほとんどなので、そのように考えたとしても、間違える確率は高くないでしょう。

しかし、「**more** s**e**lfish」などのように、2音節でもmoreがつく場合

もあることには注意が必要です。

moreがつく場合の条件の1つに、interestingやinterestedなどのように、動詞を分詞化した単語の場合、という考え方があります。

また、selfishやboyishなどのように、単語の語尾に特別な**接尾辞**（単語の末尾につく文字）がつく場合もmoreとなる場合があります。正確に使いたければ、逐一確認したほうがよいでしょう。

このmoreがつく場合の単語にさえ気をつければ、基本的な比較文のつくり方は同じです。

This book **is more interesting than** that one.
【直訳】この本は、あの本と**同等に比べる**と、**より面白い**です。
【意訳】この本はあの本よりも面白いです。

この場合も、thanは「〜と同等に比べると」という意味で、more interestingは「より面白い」という意味です。

この構造を踏まえて文を直訳すると、「この本は、あの本と同等に比べると、より面白いです」となり、「この本はあの本よりも面白いです。」という意訳の文が成立します。

優劣比較の文は、このように「形容詞の比較級＝より〜だ」と「than＝〜と同等に比べると」という意味を押さえれば、あとは直訳でも確実に意味が通じる文になります。

公式の暗記だけで乗り越えようとすると、どちらがどちらに対して優劣があるのか混同してしまうことが少なくありません。

まずは、「構造の直訳」に立ち返って、淡々と構造を分解することで、より簡単に和訳や作文ができるようになるはずです。

⚙ ラテン比較とは？

優劣比較の中で、中英語の時代の単語がそのままの形で残っている珍し

い例として、「ラテン比較」と呼ばれるものがあります。

「中英語の時代の英語」と聞くと、「難しいのでは？」と不安に思うかもしれませんが、じつは比較的身近な表現ばかりです。

通常の比較は、「形容詞の末尾にerをつける」のがルールです。

一方、**ラテン比較では、末尾が「or」になるのが特徴**です。これは、ラテン語の比較級が「or」の形だったことに由来しています。

また、同じような名残りとして、thanの代わりにtoが使われているのも特徴です。

toが使われる理由は諸説ありますが、その中でも、元のラテン語に由来するという説が有力です。

ラテン語の比較文で使われる前置詞は「quam：〜よりも／そして」という2つの意味がありました。

「そして」という意味の置き換えとして、様々な前置詞の中からtoが選ばれたというのが、この表現の始まりで、現在まで使われています。

図 4-2　中英語の時代の表現がそのまま残っている「ラテン比較」		
現代英語の比較文		**ラテン比較** 中英語の時代の単語がそのままの形で残っている珍しい表現
形容詞の末尾に erをつける		形容詞の末尾に orをつける
前置詞にthanを置く		前置詞にtoを置く
be younger than be older than	〜より年下だ 〜より年上だ	be junior to be senior to
be better than be worse than	〜より優れている 〜より劣っている	be superior to be inferior to
before after	〜より前だ 〜より後に	prior to posterior to

もう1つ、「to：〜に対して」という意味で使われている、という解釈もあります。

ラテン比較を使わずとも、通常の現代英語で同じ意味の優劣比較を表現することはできます。

では、なぜあえてラテン比較が使われる場合があるかと言うと、**ラテン比較のほうが「由緒正しい、重みがある表現」とされている**からです。

ラテン比較は中英語の時代に生まれたときから、ほとんど変わらずに生き延びてきた表現です。そのため、人によっては「古い表現」と感じる人も少なくありません。

しかし、あえて和訳で区別するなら、「better：良い」と「superior：優れている」、「worse：悪い」と「inferior：劣っている」のように、同じ意味ながらも正式な印象が相手に伝わります。

prior toの場合、身近なところでは空港などで目にすることがあり、「before check-in（チェックインの前に）」という代わりに「prior to check-in」が使われます。

posteriorについては、契約書や学術論文などでたまに目にすることがあります。

身近なところでは、「ポストコロナ」などで使われる「〜の後に」という意味の接頭語「ポスト〜」の語源が、このposteriorです。

このように、ビジネスや法律、学術論文などの正式な文章では、ラテン比較の表現をたびたび目にすることがあると思います。

ラテン比較は、この他の単語でも存在しますが、基本的には、ここで取り上げた6つ以外は、あまり目にすることはないでしょう。

「受動態」は「責任逃れ」のための文法⁉

 受動態「be＋過去分詞」は、どういうもの?

　次は「受動態」について見てみましょう。受動態は、中学校の授業で習う用法です。公式としては、次のように教わります。

受動態　be＋過去分詞：〜される／〜された

　受動態の文のつくり方としては、**「能動態を入れ替えて受動態にする」**という、次の図のような公式を習ったのではないでしょうか。

図 4-3　学校で習う「受動態」の公式

能動態

③主語　②述語　①目的語
He broke the window.
彼が窓を壊しました。

受動態

目的語から主語に
The window was broken by him.
窓は彼によって壊されました。

受動態の文は、このように能動態の文から①～③の手順で機械的に作成できます。

なぜ、受動態は必要なのか？

受動態は中学生で習う文法なので、私が大学の授業などで解説しようとすると、「組み替え方法」はみんな知っているものの、「受動態の本質」について知っている学生はほとんどいません。

本書ではここまで、「英語は簡略化し続けて現代に至る」ということを繰り返し述べてきました。

英語は、様々な外国語の影響を受け、何度も文法が複雑になる危機に直面してきました。その度に、文法の簡略化を何度も繰り返し、無駄な文法を排除して現代に至っています。このような、英語の「簡略化する文化」を前提としたとき、「なぜ、わざわざ能動態を受動態に変える必要があるのか？」という、大きな謎が浮かび上がってきます。

「He broke the window.（彼が窓を壊しました。）」という文を、なぜ、わざわざ「The window was broken by him.（その窓は彼によって壊されました。）」と、まわりくどい受動態の表現をする必要があるのか？

「He broke the window.」と言ったほうが、シンプルかつ確実に、相手に意図が伝わります。受動態というのは、一見すると「英語の簡略化」に逆行した文法に思えるのです。

受動態は「責任逃れ」のための文法だった！

受動態が今でも使用されている理由は、じつは「責任逃れのため」なのです。もう一度、能動態と受動態を比べて見てみましょう。

〈能動態〉**He** broke the window.
〈受動態〉**The window** was broken by him.

繰り返しになりますが、英語には「大事なことを最初に置く」という原則があります。

　この原則に則って能動態の文を見ると、主語にあたる「He」が最も強調された大事なことであるということになります。

　一方で、受動態の文「The window was broken by him.」では、能動態の目的語だった「The window」が強調された構造になっています。

　なぜ「主人公の入れ替え」が必要かというと、「能動態の目的語を主人公にすることで、元主語をぼかしたい」という心理が働いているからです。つまり**受動態は、「元主語を強調したくない文」**なのです。

　どういうことなのか、ピンとこない人が多いかもしれません。

　通常の英会話では「元主語の"by him"が存在しない」場合で受動態が使われるのが一般的なのです。

　例えば、壊した人物をぼかしてごまかしたいとき、「The window」を主語にして、元主語を隠すことで、

The window was broken.（窓が壊された。）

と、「by him」を省略して行動主をぼかすことができるのです。

　この文は、単に壊れた原因がわからない場合でも使用することができます。

　このように、「行動主が不明な場合や、その存在をぼかすときに使われる」のが、受動態本来の使われ方です。

「by him」を使った受動態の文は、文法のルール上は間違っているわけではありませんが、実際に使われるかというと、特定の場合でしか使われません。

　ネイティブの人にとって、行動主がわかっている場合は、基本的に能動態を使って話すことが自然なのです。

「by〜」がつく場合

では、どのような場合で「by〜」がつくのかを考えてみましょう。

行動主を意図的に伝えたいとき

My cat **was named** Ume **by me**. （うちの猫は私にウメと名づけられました。）

この文の場合、あくまで主人公は「うちの猫」です。

しかし、「by me」をつけることで、ほんの少しだけ「自分が名づけた」というニュアンスを付け足しています。

基本的に、「by〜」を使うことはありませんが、あえて言いたい、という場合にはこのように使うこともあります。

同様の文ですが、次の場合に「by〜」を使うことはほぼないでしょう。

不特定多数が行動主のとき

My cat is called Ume ~~by me~~. （うちの猫は、ウメと呼ばれています。）

ここで「by me：私によって」を加えるのは、文のニュアンスとして成立しません。

「My cat was named Ume by me.」では、名付け親は1人に限定されるため、「by me」と**行動主を制限する**ことができました。しかし、「猫をウメと呼ぶ」という行為は、名前を知っていれば誰でも行うことができるので、「by me」と制限をつけることは不自然です。やはり、公式を暗記して機械的に使うのではなく、基本構造を理解して使うことが大切なのです。

受動態の基本構造は、これで終了です。一見難しそうな印象ですが、文法の原理はシンプルです。この文法構造を理解すれば、ほぼすべての受動態の文をつくることができるようになります。

難しそうな「使役動詞」も構造はすべて同じ！

 「使役動詞」の使い分け方

「〜させる」という表現の「使役動詞」は、make、have、letの3パターンの使い分けを理解すればすぐに使えるようになります。

いずれの単語にも共通するのが、以下の文の構造です。

使役動詞

主語＋使役動詞＋目的語＋**原形不定詞（動詞の原形）**

「誰が（主語）、誰に（目的語）、何をさせる（原形不定詞）」という、決まった形で使います。

原形不定詞は、「toをともなわない不定詞」のことで、どの使役動詞を使っても活用をしない動詞、という意味です。端的に言えば「動詞の原形」で間違いありません。動詞の原形は、本来「〜すること」と名詞として扱われていたことを念頭に置きましょう。

 使役動詞「make：〜させる」

まずはmakeを使った場合を見てみましょう。

---

①make：（強制的に）〜させる

I **made** my little brother **wash** my car.
（私は弟に私の車を**洗わせました**。）

古英語では、動詞の原形は「〜すること」だったので、この文の本当の意味は「私は、私の車<u>を洗うことを</u>弟にさせた。」となります。

この場合の make は「（強制的に）〜させる」という、少し怖い意味になります。

使役動詞は、古英語の時代から使われていた表現です。そのため、もともと「〜すること」として動詞の原形を使っていたことから、それが今でもそのまま使われています。

よく、この不定詞を「to を省略した形」のように教わりますが、そもそも to 不定詞とは出発点が違うのです。

②have：〜してもらう

I **had** my mother **make** my box lunch.
（私は母にお弁当を<u>つくってもらいました</u>。）

この文の構造も①と同じですが、ニュアンスが make より和らいで「〜してもらう」になります。

まれに「〜させる」という場合もありますが、基本的には「〜してもらう」というニュアンスで使われます。

③let：〜させてあげる

I **let** my daughter **go** to the concert.
（私は娘をそのコンサートに<u>行かせてあげました</u>。）

let の場合は、「〜させてあげる」と、許可を与えるようなニュアンスになります。

このように、使役動詞を使った文は、すべて同じ構造で使うことができます。それぞれの単語のニュアンスをしっかりと押さえて、上手に使いこなしてください。

「関係代名詞」を使いこなす 5つのステップ

 ## 「関係代名詞」は、どうして必要なのか？

　関係代名詞は、一般的に中学3年生の授業で登場します。多くの学習者を悩ませているようで、「使い方が複雑すぎる」「文が長いので、訳し方がわからない」といった声をよく聞きます。

　そもそも、なぜ、そんな難しい関係代名詞が英語に必要なのでしょうか？

　まずは、関係代名詞がどういうものなのかを、改めて振り返ってみましょう。まず、ここに2つの文があります。

【文1】**The lady** will come here soon.（**その女性**はもうすぐここに来ます。）

【文2】I met **her** yesterday.（私は**彼女**に昨日会いました。）

　この2つの文を、関係代名詞を使うことで、次のような1つの文につなぐことができます。

関係代名詞を使った文

The lady whom I met yesterday **will come here soon**.

（私が昨日会った**女性**は、**もうすぐここに来ます**。）

　この文では、whomという関係代名詞を使うことで、【文1】の中に【文2】を挿入して、バラバラだった2つの文を1つにまとめることができました。

　つまり、関係代名詞とは**【文1】と【文2】の接着剤**のような役割を果

たしているのです。

「私はその女性に昨日会いました」「彼女は、もうすぐここに来ます」のようにバラバラの短文で話していると、くどくなってしまいます。

そこで、関係代名詞という接着剤を使って一文にまとめることで、「私が昨日会った女性は、もうすぐここに来ます。」と、すっきりとした文で伝えることができます。つまり、**関係代名詞は簡略化の一環として生まれた**ものなのです。

これまでに何度もお話ししていますが、英語は数多くの言語の影響を受ける中で、できるだけルールを簡略化してシンプルにすることで、使いやすくしていこうという傾向があります。

その中で生まれた関係代名詞が、そんなに複雑なルールであるはずがありません。

本書では、**「関係代名詞を使いこなす５つのステップ」** を踏むことで、誰にでも簡単に習得できる方法を解説します。

「関係代名詞」を使いこなすための、5つのステップ

さっそく、関係代名詞を使うための５つのステップについて解説します。このステップを踏むことで、誰でも必ず、関係代名詞を使った文を使いこなせるようになります。

先に登場した文を例に、５つのステップのやり方を見てみましょう。

図4-4 関係代名詞 5つのステップ
STEP① 2つの文の共通語を探す
STEP② 2つの文の共通語のうち、代名詞を消す
STEP③ 消した代名詞を関係代名詞に変える
STEP④ 関係代名詞を文頭に移動させる
STEP⑤ 消していない共通語の直後に、関係代名詞を含んだ文をつける

【文1】 **The lady** will come here soon. (その女性はもうすぐここに来ます。)

【文2】 I met **her** yesterday. (私は彼女に昨日会いました。)

（STEP 1） 2つの文の共通語を探す

　この2つの文は、ある「**共通のもの**」に対して、2つのことを語っています。【文1】と【文2】は、「"その女性"という**共通の人物**について語っている」という点で一致しています。

　つまり、**「The lady（その女性）」と「her（彼女）」が共通語**、ということになります。

（STEP 2） 2つの文の共通語のうち、代名詞を消す

　The ladyとherのうち、代名詞であるherを消します。

【文1】 **The lady** will come here soon. (その女性はもうすぐここに来ます。)

【文2】 I met ~~her~~ yesterday. (私は彼女に昨日会いました。)

　この2つの文では、「その女性（彼女）」が2回登場しています。

　そのため、2回目の代名詞のほうは重要度が下がっていると解釈します。そこで、「簡略化」するために、繰り返し登場した「her（彼女）」のほうを省略します。

（STEP 3） 消した代名詞を関係代名詞に変える

　次は、STEP 2で消した代名詞を関係代名詞に置き換えるため、関係代名詞を表（P197参照）から選びます。

　関係代名詞は、**縦軸は人か物か、横軸は主格、目的格、所有格のどれか**という2つの観点から、対応するものを選びます。

　まず、この文の共通点は「The lady」と「her」という人物でした。そ

のため、表の「人」の行の中から関係代名詞を選びます。

「人」の行には、「who（主格）」「whom（目的格）」「whose（所有格）」の3つがあります。主格は「〜は」で主語の代わり、目的格は「〜を」で目的語の代わり、所有格は「〜の」を意味します。

【文2】で、「her」は、文の中の目的語でした。そのため、表の「目的格」の「whom」が、今回使用する関係代名詞になります。

（STEP 4）関係代名詞を文頭に移動させる

【文2】の先頭に（STEP 3）で選んだ関係代名詞を置きます。

> 【文2】 **whom** I met yesterday.

なぜもともとの「her」の位置にwhomを置かないかと言うと、関係代名詞は文と文の接着剤なので、文中に入れてしまうとくっつけられなくなるからです。

（STEP 5）消していない共通語の直後に、関係代名詞を含んだ文をつける

STEP 4でつくった文を消していない共通語「The lady」の直後に置きます。

> 【文1】 **The lady** will come here soon. （**その女性**はもうすぐここに来ます。）
> （STEP 4）**whom** I met yesterday. （私は彼女に昨日会いました。）
> ↓
> The lady **whom** <u>**I met yesterday**</u> will come here soon.
> （<u>**私が昨日会った女性**</u>は、もうすぐここに来ます。）

これは、文の途中であっても関係なく、共通語のすぐ後ろに関係代名詞を含んだ文を置きます。このとき、関係代名詞を含んだ文の先にある共通

語を「**先行詞**」と呼びます。

　関係代名詞は「文をつなぐ接着剤」になっているだけなので、和訳する必要がありません。接着剤は表に出てくる必要がないのです。

　この5つのステップを踏むことで、関係代名詞を誰でも確実に使いこなすことができるようになります。

- 関係代名詞は接着剤
- 関係代名詞を含んだ文は、代名詞になっていないほうの共通語の後ろに置く

　この2つに気をつければ、完璧に使いこなせるようになるでしょう。

関係代名詞「that」を使う場合

　右の図の中にある関係代名詞の選択表では、主格と目的格のところに「(that)」が書かれています。

　この表の通り、主格と目的格の場合、whoやwhichの代わりにthatを使って文をつなげることもできます。最近では、「主格と目的格なら、どの場合でもthatを使ってよい」と教える学校の先生もいるようです。

　たしかに、whoやwhichをすべてthatにしたとしても、相手に意味は伝わるでしょう。

　ネイティブの中にも、雰囲気で使っている人や、書面だとwhoやwhichにしている人など、使い方はまちまちのようです。

　しかし、「どのようにしてthatが使われるようになったのか？」を知ると、やはり、whoやwhichを使って話すのが正しい形だと理解できます。

　もともと、thatは次のような場合に「**とりあえずのthat**」として使われるようになったのが始まりです。

図4-5 関係代名詞を使った文のつくり方

STEP① 2つの文の共通語を探す

文1 The lady will come here soon.

文2 I met her yesterday.

> 「The lady」と「her」が共通語

STEP② 2つの文の共通語のうち、代名詞を消す

文1 The lady will come here soon.

文2 I met ~~her~~ yesterday.

STEP③ 消した代名詞を関係代名詞に変える

次の手順で該当する関係代名詞を選ぶ

① 消した代名詞が、人か物かを見分ける（➡ her なので、人）

② 何格かを見分ける（➡「彼女に」なので、目的格）

③ 以下の表から、該当する関係代名詞を選ぶ（➡「人＋目的格」なので、whom）

	主格（〜は、〜が）	所有格（〜の）	目的格（〜に、〜を）
人	who (that)	whose	whom (that)
物	which (that)	whose	which (that)

STEP④ 関係代名詞を文頭に移動させる

文2 whom I met yesterday.

STEP⑤ 消していない共通語の直後に、関係代名詞を含んだ文をつける

文1 The lady will come here soon.

STEP④ whom I met yesterday.

The lady whom I met yesterday will come here soon.

私が昨日会った女性は、もうすぐここに来ます。

【文1】The old man and his dog are still alive.
（その老人と彼の犬は、まだ生きています。）
【文2】I met them ten years ago.
（私は10年前に彼らに会いました。）

　この2つの文を、「関係代名詞の5つのステップ」を使って、1つの文につなげてみようとすると、困ったことが起きます。

　「The old man」は人なのでwhomを使いたいところですが、代名詞のthemには「his dog」が含まれています。

　「ペットは家族なので、人間と同じくheやsheを使う」という人もいますが、英文法のルールでは、動物に対しては「which」を使うことになっています。

　そのため、「The old man and his dog」は、どちらの場合も含むため、関係代名詞を選ぶことができません。

　そこで、この困った状況を解決するために「とりあえずthatでも入れておこうか」と、thatが入ることになったのです。

The old man and his dog **that** I met ten years ago are still alive.

　このように、thatを使うことで、whomやwhichで対応できない文でも1つにまとめることができました。

　thatは「対応できないときに、とりあえず使う」という方法で用いられ始め、現在広く使われるようになったのです。

　ネイティブは、先行詞が限定的である場合にthatを使う傾向にありますが、私の感覚的には、whichよりthatを多用する人のほうが多いように思います。

図 4-6　関係代名詞「that」が使われる場合

① 先行詞が「人」と「物」を同時に含んでいる場合

例 The old man and the dog that lived in this house are still alive.
この家に住んでいた老人と犬は、まだ生きています。

② 先行詞が「all」の場合

例 I brought all that he left at home.
彼が家に置いてきたすべてのものを私が持ってきました。

③ 先行詞が「no one」「nobody」の場合（先行詞に「no」がついているとき）

例 There is no one that knows the story.
その話を知っている人は誰もいません。

④ 先行詞が「something」「anything」「nothing」「everything」の場合

例 He knows everything that happened at school.
彼は、学校で起こったすべてのことを知っています。

⑤ 先行詞に「the first」「the last」がついている場合

例 He is the first person that went to the moon.
彼は、月に行った最初の人です。

⑥ 先行詞に「the only」がついている場合

例 This is the only story that I heard.
これが、私が聞いた唯一の話です。

⑦ 先行詞に「the same」がついている場合

例 This is the same book that I saw at the bookstore.
これは、私が本屋で見たのと同じ本です。

⑧ 先行詞に「every」がついている場合

例 Every student that I know studies very hard.
私が知っている生徒は、みんなよく勉強します。

⑨ 先行詞に「all the」がついている場合

例 All the books that he has are very interesting.
彼が持っている本は、すべてとても面白いです。

関係代名詞「what」の使い方をマスターする!

　次は、関係代名詞「what」の使い方を解説します。

　関係代名詞のwhatは、日常会話でも頻繁に登場し、私自身も通訳の仕事の中でよく使っています。

　しかし、このwhatの使い方がよくわからず、あまり自分から使うことができないという声もよく聞きます。

　whatについても、やはり使われるようになった理由を知ることで、正しい使い方が理解できます。

　では、どのような場面で「what」が使われるようになったかと言うと、次のような文をつくる場合です。

①私は彼女が欲しいものを知っています。
②私は彼女が言ったことを理解できません。

　これらを、関係代名詞を使った文にするには、どうすればよいでしょうか?

　①と②には、それぞれ以下の2つの文が隠されています。

①私は彼女が欲しいものを知っています。
I know the thing.（私はそのものを知っています。）
She wants it.（彼女はそれを欲しがっています。）

②私は彼女が言ったことを理解できません。
I don't understand the thing.（私はそのことを理解できません。）
She said that.（彼女はそれを言いました。）

　これらを、「関係代名詞の5つのステップ」を使って1つにまとめると、

次のような関係代名詞の文になります。

第1章
英語の基本構造

第2章
時制

第3章
動詞から
派生した文法

第4章
コンビネーション
から生まれた文法

第5章
間違えやすい
英文法

> ①I know **the thing** **which** she wants.
> ②I don't understand **the thing** **which** she said.

このように、共通語の **the thing** と、それに対する「こと」を指す関係代名詞 **which** を使った文が成立します。

一見、これでよいような気もしますが、「～なこと（もの）を……だ」という文は、日常会話でよく登場します。

その度に、何度も「the thing which」を使っていると、くどく感じられたため、「the thing which」を一言で済ませたいと考えたのです。

そこで考え出されたのが、次のように **「the thing which」を「what」に代用する** というアイデアです。

> ①I know **what** she wants.
> （私は彼女が欲しいものを知っています。）

> ②I don't understand **what** she said.
> （私は彼女が言ったことを理解できません。）

what を使うことで、①②の文を、よりすっきりした形にすることができました。

関係代名詞は、基本的に「文と文の接着剤」であるため和訳には反映されません。

しかし、このように what を使う場合は「～もの／～こと」と和訳され、ここで混乱する学習者も少なくありません。

「～もの／～こと」と訳す理由は、「the thing which」の「the thing（そのこと）」が what の中に含まれていたから だったのです。

「前置詞＋名詞」を簡略化

「前置詞＋関係代名詞」を使って文をまとめる方法

　関係代名詞の使い方をひと通り学んだら、「関係副詞」の概念も簡単に理解することができます。

　まず、**関係副詞とは、関係代名詞を副詞（動詞を修飾する）として使う用法**です。

　したがって、関係代名詞をベースとした考え方から順を追って学ぶことで、すんなり理解することができるようになるのです。

【文1】This is **the house**.（ここが、その家です。）
【文2】I was born in **this house**.（私は、この家で生まれました。）

　この2つの文を、関係代名詞の5つのステップを使って、1つの文にしてみましょう。

（ステップ①②）この2つの文に共通しているのは、「the house」と「this house」です。そこで、どちらの共通語を消すかと言うと、【文2】の「this house」です。なぜなら、【文1】の「the house」を消すと「This is」で終わってしまい、文自体が成立しないからです。

　一方、【文2】の「I was born in ~~this house~~.」は、なんとか文としての体裁は残っています。

（ステップ③）どの関係代名詞を使うかを決めます。ここで、消した「this house」の前に「in」という前置詞があることに注目してください。

　英語の場合、「for him」や「with me」など、「前置詞と名詞」がある

場合、その名詞は目的格になるという法則があります。for he や with I のような表現はありません。

　したがって、ここでは目的格の関係代名詞から、モノ（this house）に対応する「which」を選びます。

　使い方のポイントとしては、for him や with me のように前置詞とセットで名詞が使われている場合、関係代名詞でも「in which」のように前置詞とセットで使います。

【文1】This is **the house**. （ここが、その家です。）

【文2】I was born in ~~this house~~. （私は、この家で生まれました。）
　　　　　　　　　　　 （**which**）

（ステップ④を飛ばしてステップ⑤）この in which をセットにして、先行詞である the house の次に【文2】を置くと、次のような文にまとまります。

This is **the house** in which I was born. （ここが、私が生まれた家です。）

　じつは、このまま関係代名詞を使った文として使っても、間違いではありません。私自身も、この形の文で会話をする癖がありますし、問題なく相手に意味は伝わります。

関係副詞で簡略化

　しかしここで、英語の癖として「簡略化がしたい」という欲求が出てきます。毎回「in which」を使っていると、どうしても文がゴチャゴチャしてしまいます。そこで、**「どうにかして簡略化する方法はないか」と考えた結果、生まれたのが「関係副詞」**なのです。

　まず、「前置詞＋名詞」とは、文の中でどのような働きをしているでしょ

うか。

He **studies** English **at school**. （彼は学校で英語を勉強しています。）

　この文では、「at school（学校で）→ study（勉強している）」と、動詞studyを修飾しています。
　動詞を修飾する言葉といえば「副詞」です。例えば、ここで「at school」を副詞の「here」と入れ替えて「He studies English here.（彼はここで英語を勉強しています。）」としても、文が成立します。
　つまり、**「前置詞＋名詞は、副詞の働きをしている」**ことがわかります。
　ここで、関係代名詞を使った文を改めて見てみましょう。

This is **the house** in which I was born.
　　　　〈場所〉　　〈前〉＋〈名〉

　ここで、「in which」に対応する副詞を探します。先行詞の「the house」は「場所」を示しているため、まだ関係代名詞として使われていない、場所に関わる疑問詞（疑問副詞）の「where」を使います。

This is **the house** where I was born. （ここが、私が生まれた家です。）

　つまり、**「関係副詞は、前置詞＋関係代名詞の書き換え」**だったのです。疑問詞には限りがあるので、すべてのパターンで対応できるわけではありませんが、whereは使われていなかったため、関係副詞として使用されるようになったのです。これが、関係副詞のwhereを使う上での考え方です。

関係副詞「when」を使いこなす方法

「前置詞＋関係代名詞＝関係副詞」という考え方をすれば、関係副詞のす

べてを説明することができます。

次は、関係副詞「when」について考えていきましょう。

【文1】Do you know **the day**?（あなたは、その日を知っていますか？）

【文2】She comes here on **the day**.（彼女はその日にここに来ます。）

この文でも、whereと同様のプロセスで考えることができます。

まず、共通の話題となっているのは、「the day」です。まったく同じ単語なのでわかりやすいですね。

次に、「どちらかのthe dayを消す」作業ですが、【文1】の「Do you know the day?」のthe dayを消すと、意味的に成立しなくなります。

逆に、【文2】の「She comes here on ~~the day~~.」では、「いつ来るのか」は不明瞭ですが、文の体裁は保たれています。そこで、こちらのthe dayを消します。

the dayは「モノ（人ではない）」であるため、「前置詞on＋関係代名詞which」を使って文をまとめると、次のようになります。

Do you know **the day** on which she comes here?
　　　　　　〈時〉　　〈前〉＋〈名〉

この文の場合、先行詞は「時」を表すthe dayです。

時を表す疑問詞（疑問副詞）である「when」もまた、関係代名詞として使われてはいないので、「on which」の代わりに使い、次のように書き換えることができます。

Do you know **the day when** she comes here?
（彼女がいつここに来るのか知っていますか？）

関係副詞「why」を使いこなす方法

whenと同じやり方で、関係副詞のwhyの使い方を見てみましょう。

【文1】 I don't know **the reason**. （私はその理由を知りません。）
【文2】 She got angry for **the reason**. （彼女はその理由で怒りました。）

　共通の話題である「the reason」を先行詞として考えます。
　次に、「どちらかのthe reasonを消す」判断をします。
【文1】の「I don't know ~~the reason~~.」では、「私はわからない」だけになってしまい、「何がわからない」のかわかりません。【文2】の「She got angry for ~~the reason~~.」だと「彼女は怒ったんだな」という判断ができるので、最低限の文の体裁は残っています。そこで、【文2】のthe reasonを消すことにします。
　the reasonは「モノ（人ではない）」であるため、「前置詞for＋関係代名詞which」を使って、次のようにまとめます。

I don't know **the reason** **for which** she got angry.
〈理由〉　　　〈前〉＋〈名〉

　この文の場合、先行詞は「理由」を表すthe reasonです。**何かの理由を語る場合の前置詞は「for」**ということも合わせて覚えておきましょう。
　理由を表す疑問詞（疑問副詞）「why」も、他の関係代名詞として使われていないので、次のように「for which」に置き換えることができます。

I don't know **the reason why** she got angry.
（私は彼女が怒った理由を知りません。）

関係副詞「how」を使いこなす方法

　最後は、**how** の使い方です。基本的な考え方は同じですが、他の関係副詞と違って注意しなくてはならない点があります。

> 【文1】I want to know **the way**.（私はその方法を知りたいです。）
> 【文2】He succeeded in **the way**.（彼はその方法で成功しました。）

　共通の話題は、「the way」です。これまでと同様に【文1】「I want to know ~~the way~~.」よりも【文2】「He succeeded in ~~the way~~.」のほうが、the way を消した場合に文が破綻していません。

　そこで、【文2】の the way を消すことにします。「the way」もモノなので、「in ＋ which」を使って、次のようにまとめます。

> I want to know **the way** **in which** he succeeded.
> 　　　　　　　　〈方法〉〈前〉＋〈名〉

　この文の場合、先行詞は「方法」を表す the way です。「方法」を表す「how」が候補に挙がりますが、ここで注意です。「how」は「how to ~」のように「~の方法」という意味がすでにあります。そのため、「the way how」とすると、意味が二重になってしまうのです。そこで現代英語では、次のようにまとめるようになりました。

> I want to know **how** he succeeded.（彼が成功した方法を知りたいです。）

　「the way how」よりもスッキリしました。このように「howの場合は先行詞 the way を省略する」ことに気をつけましょう。

第5章

間違えやすい
英文法

「間違えやすい文法」を攻略する2つの視点

　最終章となる第5章は番外編です。日本人が「間違えやすい文法」を取り上げています。

　したがって、第5章については、「ストーリー」はありません。

　本章のポイントは、「ストーリー」ではなく、「視点」です。

「other」「数字」「It to ／ that構文」「準否定語」「倒置」「挿入疑問文」「特殊なthat節」「分詞構文」「強調構文」は、どれも一般的に“難解”だと言われている文法です。

　難解になってしまっている一番の原因は、学校で「公式」という“最終形”ばかりに注目し、**「なぜ、その形に落ち着いたのか？」「なぜ、その形でないと通じないのか？」**という最も重要な“視点”が抜け落ちていることだと私は考えています。

　公式の暗記という方法は、たしかに手っ取り早い“近道”に思えるかもしれません。

　しかし、暗記しただけでは、本章で取り上げるような文法を本当に使えるようにはならないのです。

　本章で取り上げるような文法を学ぶときには、**「歴史的視点」「宗教的視点」「言語融合の視点」**など、様々な角度から学ぶことで、**驚くほどすっきり理解できるようになる**ことがわかると思います。

　それでは、さっそく「間違えやすい文法」を見ていきましょう！

図 5-1　第5章【間違えやすい英文法】の見取り図

33 Other

34 数字

35 It to ／ that 構文

36 準否定語

37 倒置

38 挿入疑問文

39 特殊な that 節

40 分詞構文

41 強調構文

「other」は
図で理解しよう!

 簡単そうで難しい「other」の使い方

　第5章では、簡単そうに見えても、じつは間違って使われやすい英文法を取り上げたいと思います。

　まずは、「other（そのほか）」です。

　誰でも知っている単語ではあるものの、**「the other、the others、another、others の違い」** について、じつは、きちんと説明するのが難しいのです。

 「the other」と「the others」の使い分け

「the other」と「the others」の使い分けから見てみましょう。

　例えば、自分に兄弟がいる場合を考えてみます。

①I have two brothers.
　One is a doctor, and **the other** is a lawyer.
（私には2人の兄弟がいます。1人は医者で、**もう1人は**弁護士です。）

②I have five brothers.
　One is a doctor, and **the others** are lawyers.
（私には5人の兄弟がいます。1人は医者で、**ほかはみんな**弁護士です。）

　英語に「何人兄弟です」という言い方はありません。そのため、「兄弟が何人いる」と言う場合、自分は含まれません。

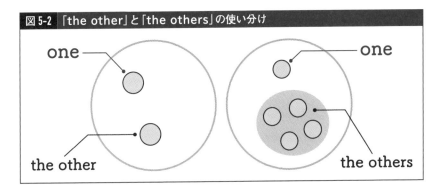

図 5-2 「the other」と「the others」の使い分け

one ─ the other

one ─ the others

　つまり、①は３人兄弟、②は６人兄弟ということになります。

「the other ／ the others」で使われている the は、少し高度な定冠詞の用法と言えます。

　例えば、「the dinosaurs（恐竜属は）」のように、**ある特定の種族や仲間を一括りにする際に使われる用法**で、私自身は**「一括りの the」**と呼んでいます。

　①と②では、まず、「兄弟」という１つのグループの中で、「１人（One）は医者です」と、そのうちの1人を限定しました。

　そこで、そのグループの限定で「other ／ others（ほか）」が入ることで**「一括りにした残りのすべて（the other ／ the others）」**という意味になります。

　①では、２人の兄弟のもう一方（もう１人）だったため、対象となる「残りすべて」は１人です。したがって、単数の「the other」が使われます。

　一方、②では、５人の兄弟の中の「１人以外はすべて」という意味なので、複数形の「the others」が使われています。

　このほかにも、次のような文で「the other ／ the others」は使われることがあります。

> I have two cats. One is white, and **the other** is black.
> （私は猫を 2 匹飼っています。 1 匹は白い猫で、**もう 1 匹は黒い猫です**。）

> There are five apples. The two of them are from Aomori,
> and **the others** are from Nagano.
> （ここにリンゴが 5 つあります。そのうち 2 つは青森県産で、**そのほか
> は長野県産です**。）

 ## 「another」の正しい使い方

次は、another と other の違いです。

ここでは、時計店で時計を選ぶシチュエーションで考えます。時計店で
1 つ商品を見せてもらいます。

> Excuse me, can I see that one? （すみません、それを見せてください。）

しかし、その時計は好みではありませんでした。

では、ほかの商品をもう 1 つ見たい場合、なんと言えばいいでしょうか?
先ほどの「the others」を使うと、次のような意味になってしまうので
注意が必要です。

> Can I see **the others**? （**残りすべてを見せてください**。）

こう話すと、店員さんはお店にあるすべての時計を持ってきてしまうこ
とになります。

「ほかのもう 1 つ」と言いたい場合は、「another（たくさんある中の 1
つ）」を使います。

Can I see **another**？（ほかの商品をもう1つ見せてください。）

考え方としては、今回は「まだ見ていないもの」を見たいので、「the other」からtheを外します。

次に、見たい商品は1つなので、冠詞「a」を使いたいところです。

しかし、「other」は母音発音で始まるので、冠詞は「a」ではなく「an」をつける必要があります。

すると、「an other」という表現がよさそうです。じつは、この「an other」がつながって、「another」が生まれたのです。

 ## 「others」の正しい使い方

この時計店で「ほかの時計をいくつか見たい」場合、考え方は先ほどの「another」と同じですが、これを複数形にします。

anotherの元々の形は「an other」で、複数形は「others」です。

Can I see **others**？（ほかの商品をいくつか見せてください。）

このように、othersは**「たくさんある中のいくつか」**というニュアンスで使うことができます。

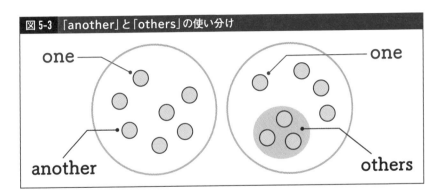

図5-3 「another」と「others」の使い分け

one — ●

another — ●

one — ●

others — ●

「大きな数字」を 英語でスラスラ言う方法

 ## 意外と難しい「数の英語」

英語で仕事をする際、よく混乱するのが「大きな単位の数」です。

100や1,000といった数だと、hundredやthousandとスラスラと言えますが、10万、1,000万、億といった単位になってくると、なかなか即答できないものです。英語には、日本語と違って1万や1億といった単位がないため、大きな数字は、頭の中でいちいち考えなくてはいけません。

ところが、**ラテン語をベースとした「英語での数字の考え方」**を理解すると、一発で言えるようになるのです。

キーワードは、ここでもスペイン語やラテン語の視点です。本項では、ラテン語の知識をベースとした「大きい数字の英語」を克服する方法を伝授したいと思います。

 ## 数字は、「ゼロが3つで1セット」

まず、英語で数字を言う場合、最も大切なのが「ゼロの数」です。

図 5-4　大きな数字の言い方（10万まで）		
（十） 10	⟹	ten
（百） 100	⟹	hundred
（千） 1,000	⟹	thousand
（1万） 10,000	⟹	ten thousand
（10万） 100,000	⟹	hundred thousand

左の図のように、「ゼロが1つ（10）＝ten、ゼロが2つ（100）＝hundred、ゼロが3つ（1,000）＝thousand」と、ゼロ3つで1セットと考えます。

次に、1,000より大きい桁「1万」になった場合、「0が1つと、3つ（合わせて4つ）」と考えて「ゼロが1つ＝ten、3つ＝thousand」なので「ten thousand」となります。

次の「10万」も、まったく同じ考え方で「0が2つと、3つ」と考えるので、「ゼロが2つ＝hundred、3つ＝thousand」となり「hundred thousand」となります。

「100万＝million」となったワケ

では、次の「100万」だとどうなるでしょうか？

先ほどの例にならって考えると、「ゼロが3つと、3つ」なので、

```
1, 0 0 0 , 0 0 0
  (thousand) (thousand)
```

「thousand thousand」になってしまいます。そのため、別の言い方を考える必要があります。

ここで、新しい単位として使われたのが、ラテン語（古フランス語）由来の「million」という単位です。

millionという単位の由来は、古いフランス語です。ラテン語で "1,000に関すること" を表す「mille」が語源となっています。英語でも、millimeterの（1,000分の1を表す）「milli」などにその名残があります。

「mille」は1,000という単位ですが、100万という単位には、これが2回登場します。つまり、「より大きな1,000」が「100万」という単位です。

そこで、より大きな数の概念として "より大きなもの" を表すラテン語の接尾辞「～one」が使われることになります（現在のフランス語やスペ

イン語では「～on」という接尾辞です)。

　例えば、大きいmedal(メダル)を指すmedallion(メダリオン)も
ラテン語の接尾辞「～one (on)」を由来としています。

　そこで、「1,000を表す"mille"」と「大きいものを表す"one"」を合わ
せた「milleone」という単語を「ゼロが6つ」の単位で使うことになった
のです。

　このmilleoneが、ラテン語から古フランス語へと変わる中で「million」
となり、やがて英語にも組み込まれるようになったのです。つまり、<u>「milli
on」という単語は、もともと「thousand thousand」だった</u>のです。

 ## 「10億＝billion」となったワケ

　millionの後は、1,000万です。ここから先の英語は、ビジネスの現場、
特に金融系の業界であれば必須知識です。これはmillion以前のルールが
そのまま適用され、<u>「ten million＝10,000,000 (1＋6)」</u>となります。

　次の1億も同様で、millionにゼロが2つ追加された桁なので、<u>「hund
red million＝100,000,000 (2＋6)」</u>となります。

　問題なのが、次の「millionにゼロが3つ」の単位、10億です。

```
1, 0 0 0 , 0 0 0 , 0 0 0
   (mille)   (mille)   (mille)
```

　ここでも、「thousand million (3＋6)」は基本的に使われません(あ
えて言う場合は除く)。そこで、新たな名称をラテン語の単位から持ってく
ることになります。

　10億という数をよく見ると、<u>mille (thousand) からmillion、そし
て10億と、2回にわたって大きくなっている</u>ことがわかります。

　ラテン語では、「2」を「bi」という単語で表します。例えば、「bicycle→
2つのcycle(車輪)→二輪車」という単語にその名残があります。

そこで、「bi（2）＋mille（1,000）＋one（大きい）」という単語から生まれたのが、「billion」（10億）という単位です。

さらに大きな単位を見てみましょう。ここからも同様で、「100億＝1＋9＝ten billion」、「1000億＝2＋9＝hundred billion」となります。

では、その次の「1兆」は何と言うでしょうか。これもbillionと同じ考えで、「3回、milleが大きくなった」ということで「3＋mille＋one」という考え方になります。

ラテン語で「3」は「tri」と言います。英語では「triangle＝3つのangle（角度）の形→三角形」に、その名残があります。つまり、billionと同様の考え方から、1兆は「trillion」となります。

このように、英語の数の単位は「ゼロ3つが1セット」という考え方から、非常に機能的にまとまっています。

日本語から英語への難しい変換も、原理さえつかめれば「ゼロを並べて考える」ことで、一瞬で英語に直せるようになるでしょう。

図5-5　大きな数字の言い方（100万以降）

（100万）	1,000,000	➡ million
（1,000万）	10,000,000	➡ ten million
（1億）	100,000,000	➡ hundred million
（10億）	1,000,000,000	➡ billion
（100億）	10,000,000,000	➡ ten billion
（1,000億）	100,000,000,000	➡ hundred billion
（1兆）	1,000,000,000,000,000	➡ trillion

「It to／that構文」で長い主語は後回しに

 主語を後ろに置く理由

　受験の文法問題として頻出するものの中で、「読めるけれど使えない」文法の代表が、「It that構文」と「It to構文」でしょう。

　実際に英文が目の前にあれば読める人が多いのですが、「必要性がわからない」ため、スピーキングやライティングなど、実際に自分が英語をアウトプットする際にはあまり使用されません。

　そこで、「なぜ、この用法が必要なのか？」というところから話を掘り下げて、本来の使い方を見てみましょう。

　まずは、次の日本語の文を英語に訳す場合を考えます。

①この川で泳ぐことは危険です。
②彼が生きていたなんて驚きだ。

これらの文は、次のように英訳しがちです。

①**To swim in this river** is dangerous. (この川で泳ぐことは危険です。)
②**That he is alive** is surprising. (彼が生きていたことは驚きだ。)

　①では、「To swim in this river（この川で泳ぐことは）」が主語、②では「That he is alive（彼が生きていたことは）」が主語です。②でThatが最初に置かれるのは「〜のこと」という名詞句にするためです。①も②も、文法上の問題はないものの、こういう表現をネイティブは嫌がります。

英語では「頭でっかちな主語はNG」とされるからです。

　英語は文化や習慣が違う、様々な国の人々が世界中で使うことで発展しました。他民族との会話では「暗黙の了解が通用しない」ため、「先に結論を話す」ことが最優先になりました。

　この「先に結論を話す」という性質から「主語と述語をすぐ言う」ことが良しとされます。

　そのため、①「To swim in this river」や②「That he is alive」など、「主語が3語〜4語以上の長いものになる場合、文の後ろに置く」という形をとるのです。

第1章
英語の基本構造

第2章
時制

第3章
動詞から派生した文法

第4章
コンビネーションから生まれた文法

第5章
間違えやすい英文法

①[　　]is dangerous **to swim in this river.** (この川で泳ぐことは危険です。)
②[　　]is surprising **that he is alive.** (彼が生きていたことは驚きだ。)

　このまま文にしてしまうと、動詞が文頭にあるため疑問文だと誤解してしまうことがあります。

　そこで、**疑問文になるのを避けるために「It」を置く**ことになりました。

①**It** is dangerous **to swim in this river.** (この川で泳ぐことは危険です。)
②**It** is surprising **that he is alive.** (彼が生きていたことは驚きだ。)

　もともとの主語「to swim in this river」や「that he is alive」は「**真主語（本主語）**」、形を整えるためだけに置いた「It」を「**仮主語**」と言います。この「It」は、形を整えるためだけに置いたものなので訳しません。

　このように、**「It to／that構文」は「長い主語を後に置く」「主語の代わりにItを文頭に置く」という2段階の構造で成り立っています。**

　特にビジネス英語では、主語が複雑になることが多いため、「It」を仮主語にした構文がよく使われます。この構文が使われるようになった背景がわかれば、迷わずに使いこなすことができるようになるはずです。

「hardly」と「rarely」は 同じ意味ではない！

 「hardly」と「rarely」は、何が違う？

　英語をしっかり勉強している人でも、本当の意味を誤解しているために、知らず知らずのうちに誤用してしまうケースがあります。

　その中でももったいないのが、**準否定語**と呼ばれる、次の用法です。

---

hardly：ほとんど〜しない

①彼は**ほとんど**ここに来ません。

He **hardly** comes here. ／He **scarcely** comes here.

---

rarely：めったに〜しない

②彼は**めったに**ここに来ません。

He **rarely** comes here. ／He **seldom** comes here.

「ほとんど〜しない」や「めったに〜しない」は、100%ではない否定、つまり「否定に準ずる意味」として準否定と呼ばれています。

　ここで使われるhardlyやrarelyは、一般動詞の否定文では「does not」を入れる位置に置きます。その一方で、三単現のsが残っていることに注意しましょう。

　①の「hardlyとscarcely」、②の「rarelyとseldom」は、それぞれ同じ意味です。しかし、scarcelyとseldomはやや固い表現で、おもに小説や正式な文章で使われ、あまり日常会話では使われません。

　これらの単語は、「ほとんど〜しない」「めったに〜しない」のように、日

本語ではほぼ同じ意味のため、①も②も「ほとんど同じ意味です」と教わる人が圧倒的多数でしょう。

　しかし、①と②にはそれぞれ「隠れニュアンス」があり、じつはネイティブには「まったく逆のニュアンス」として伝わっているのです。

 ## 「hardly」と「rarely」、隠れニュアンスは「真逆」だった！

では、これらの単語の「隠れニュアンス」を見てみましょう。

---

hardly：ほとんど〜しない（だから、今回もしない）

①彼はほとんどここに来ません（だから、今回も来ない）。
He **hardly** comes here.／He **scarcely** comes here.

---

rarely：めったに〜しない（でも、たまにはする）

②彼はめったにここに来ません（でも、たまには来る）。
He **rarely** comes here.／He **seldom** comes here.

---

　①のhardlyやscarcelyには、「だから今回もしない」という**否定的な意味**が隠れています。一方で、②のrarelyやseldomは、「でも、たまには来るから、今回は来るかもね」と、**少し希望を持たせるニュアンス**です。そのため、hardlyとrarelyを聞いたとき、**ネイティブはまったく逆のニュアンスを読み取っているのです。**

　このような違いは「maybe（たぶん）」と「probably（おそらく）」でも現れます。例えば、「Why don't you come to our party？（私たちのパーティに来ない？）」と聞かれたとします。これに対して「Maybe.」という返事なら、「うん。たぶん行けないけどね」と否定的な意味に、「Probably.」だと「うん。たぶん行くよ」と肯定的な意味として伝わります。

　英語表現を学ぶときは、辞書にある和訳だけでなく「言葉の裏に隠れたニュアンス」があることを頭に入れておきましょう。

第1章
英語の基本構造

第2章
時制

第3章
動詞から
派生した文法

第4章
コンビネーション
から生まれた文法

第5章
間違えやすい
英文法

「倒置」の目的は「副詞の強調」

 ## 強調したいものを最初に移動する

英語の「倒置表現」は、仕組みを理解しないと、意味がわからない文になったり、和訳する際に混乱したりしやすいので注意が必要です。

倒置は、漢字で見ると「倒して置く」と書くので、「ひっくり返す」というイメージを持つ人が多いと思います。

たしかに、単語を入れ替えて使いますが、本来は「副詞を強調する」ことが目的なのです。

実際に、倒置の文のつくり方を見てみましょう。

①彼は試験前でも神経質になりません。

He is **not** nervous even before exam.

→**Not is** he nervous even before exam.

この文で「副詞を強調する表現」を考えてみます。

まず、ここでは**notがbe動詞のisを修飾している副詞**です。

これまでに何度か説明しているように、**英語では「強調したいものを先に置く」という性質がある**ので、notを先頭に置きます。notは副詞なので、述語が横にないと何を説明するnotなのかわかりません。そのため、**notの横には必ず述語**（この場合はis）をセットで置きます。これで、①を倒置表現に書き直すことができました。

副詞が強調されているので「彼は、試験の前でさえ、全然神経質にならない」というニュアンスの文になります。

第1章
英語の基本構造

第2章
時制

第3章
動詞から
派生した文法

第4章
コンビネーション
から生まれた文法

第5章
間違えやすい
英文法

②彼女はほとんど泳げません。

She **can hardly** swim.

→**Hardly can** she swim.（彼女は**まず**、ほとんど泳げません。）

　ここでは、hardlyはnotに近い副詞です。考え方としては「notとセットになったものを移動させる」ので、「hardlyとcan」をセットで動かします。この場合、canがあるのでswimを原形のまま使います。

③私はカナダに行ったことがありません。

I **have never** been to Canada.

→**Never have** I been to Canada.

　（私はカナダに**まったく一度も**行ったことがありません。）

　この文で、副詞のneverとセットになるのはhaveです。そこで、まずneverを文頭に置き、haveをその後ろに置いて使います。

④彼は今もニューヨークに住んでいます。

He **still** lives in New York.

→**Still does** he live in New York.（彼はまだニューヨークに住んでいます。）

　まず副詞のstillを文頭に置きます。「**Still lives とはならない**」ことに注意しましょう。

　ここまで、「notと述語のセット」を移動させてきました。逆に、この文にnotをつけて否定文にする場合は「doesn't live」とします。**stillの次に「does」を挿入し、動詞の三単現を消して使います。**

　倒置表現は、日常会話やビジネス文書には登場しませんが、小説などで見かけることがあるので、頭に入れておいて損はないでしょう。

「聞きたいこと」は 先に置きなさい！

 英語の原則は「強調したいものを先に置く」

　英文法上の正式な名称がないため、私が「**挿入疑問文**」と呼んでいるものがあります。

　どのようなものか、具体例と一緒に見てみましょう。

①私のこと、何歳だと思いますか？

× **Do you think** how old I am?

→「私が何歳か」を、あなたは考えますか？

「Do you think〜?」で始まっているため、「考えるかどうか？」を質問する文ということです。

　したがって、回答は「Yes（考える）／No（考えない）」となり、実際に聞きたい答えではなくなってしまいます。

　ここでも「**英語は重要なことを最初に置く**」という、英語の原則に立ち返って考える必要があります。

　つまり、**本来聞きたかった「how old」を文の最初に置く**のです。

　後は、この文に必要な要素の残りを後ろにつければ、①を正しいニュアンスで伝える英文の完成です。

○ **How old do you think** I am?（私のこと、何歳だと思いますか？）

　このように、①の表現では「How old am I?」という文の中に「do

you think〜?」という別の疑問文が挿入されているような文の形をとります。

　少し奇妙に見えるかもしれませんが、「強調するものが先」という英語の特徴を頭に入れておけば、考え方としてはシンプルです。

「何を聞きたいか」にフォーカスする

　次の文の英訳でも、やはり「Do you think〜?」の形に慣れているせいか、多くの人はこのように間違えがちです。

②彼は何時にここに来ると思いますか？
× **Do you think** what time he will come here?
→「何時に彼がここに来るのか」を、あなたは考えますか？

　これもやはり「考えるかどうか？」を質問しているので、返答が「Yes（考える）／No（考えない）」になってしまいます。
「強調したいものが先」に立ち返って考えてみましょう。

○ **What time do you think** he will come here?

　ここでは「何時に」という時間を聞き出したいので、「what time」を文頭に置きます。
　後は、残りの文をそのまま書くだけで完成です。ここでも、「What time will he come here?」の間に「do you think〜」が挿入されています。この挿入疑問文は、一見簡単そうですが、つい【×】の例文を話してしまう人をよく見かけます。すると、ネイティブの人もYesかNoで答えてしまうので、自分も相手も困ることになってしまうのです。
「聞きたいことを先に置く」ことに注意さえすれば、挿入疑問文も簡単に使いこなせるようになるはずです。

that節の中の動詞が原形なのはなぜ？

 なぜか「that節の動詞が原形になる」文

　これから紹介する文法は、非常にレアケースではあるものの、大学受験やビジネス文書、小説などで度々登場する形です。

　ちゃんとした教養のある英語が使えるかどうかを見極めるポイントになる文法でもあるので、知っておいて損はないと思います。

　まず、次の文を例に見ていきましょう。

①I **proposed** to him **that** he **should** be a doctor.
（私は彼に、医者になる**べきだ**と**提案しました**。）

　ここで使われている動詞は「propose（提案する）」です。

　したがって、次の「〜のことを」を表すthat節には、「should（〜するべきだ）」を使うのが原則になります。

　"提案する"ということは、「"〜するべきだ"という考えを伝える」ということです。

　つまり、「propose」という単語を使った瞬間に、「次のthat節の述部にはshouldが来る」のは当然のことと考えることができます。

　ここで、これまで何度もお話ししている「英語の簡略化」という特徴を思い出してください。

　英語では、繰り返しや、そうなることが前提だとわかっている文法を省略するという特徴があります。

　この「簡略化」が、このthat節でも適用されるというのが、ここで紹介

する用法です。

　先ほどの文は、次のように書き換えられます。

①I **proposed** to him **that** he ~~should~~ be a doctor.
→I **proposed** to him **that** he **be** a doctor.

　shouldが省略され、that節の中の動詞が原形のまま残った文になります。

「he be a doctor」というのは、特に奇妙な形になるので、この用法を知らない人は驚いてしまうでしょう。

 ## 必ず「should」を伴う場合に省略される

　propose以外の動詞では、次のような単語で同じ形式の用法が使われます。

- require（要求する）
- request（リクエストする）
- recommend（勧める）
- suggest（提言する）

　これらの動詞が「主節（文の最初の節）」に置かれた場合、that節の述部はshouldになるのが原則です。

　そのため、このshouldも同じように省略され、その後ろの動詞は原形のまま使われます。

　この文法を見かけたときは、本項を思い出してみてください。

簡略化のために生まれた「分詞構文」

 接続詞のある文で、接続詞を省略する

「分詞構文」は、受験勉強でよく登場する用法なので、基本的なつくり方や使い方は広く知られています。

　しかし、その根本原理を理解しないままにしていると、ある「引っ掛かりポイント」でつまずいて、よくわからない文ができてしまいます。

　まずは、使い方の基本からおさらいし、分詞構文の存在理由について説明します。

①分詞構文の基本形
外に出るときは、傘を持っていってください。
When you go out, please take your umbrella.

　分詞構文は、このような接続詞を使った文で使われます。

「形式を丸暗記する」のではなく、「なぜ、分詞構文が必要だったのか」という点に着目してみましょう。

　じつは、分詞構文も「英語の簡略化」という特徴から生まれました。

　繰り返しになりますが、英語はできるだけ文を簡略化し、使いやすくするために文法が変化してきました。そのため、省略できる部分は可能な限り省略するという性質があります。分詞構文も、この「簡略化」の産物なのです。

　では、この文の中で何を省略することができるのかと言うと、**接続詞と主語**です。

①の文では、接続詞「when」と主語「you」を省略することで、次のように書き換えることができます。

②**Going** out, please take your umbrella.

このように、**分詞構文とは、動詞を現在分詞に変えることで接続詞（と主語）を省略し、文を短縮したもの**なのです。

「分詞構文は難しい」と一歩引いてしまう人がいますが、もともとの原理は「文の短縮化」です。

丸暗記しようとすると複雑に感じますが、「あくまで簡略化のため」という基本に立ち返ると、意外と簡単に理解できるはずです。

分詞構文を使いこなす５つのステップ

では、分詞構文はどのようにつくればよいでしょうか？

ここでは、誰でも分詞構文がつくれるように、「５つのステップ」に分けて紹介します。

次の文を例に、５つのステップを見ていきましょう。

②私はブライアンと話す必要があったので、彼に電話をしました。
As I needed to talk to Brian, I called him.

「STEP 1〜2」で、まずは分詞構文が使えるかどうかを確認します。

【STEP 1】接続詞を確認する

「As」が接続詞として使われているので、分詞構文を考えます。接続詞が使われていない文で、分詞構文はつくれません。

【STEP 2】 2つの節の主語が一致しているかを確認する

「I needed」と「I called」なので、主語は「I（私）」で共通していることがわかります。

【STEP 3】「接続詞」と「共通の主語」を消す

まず「接続詞」を消します。そして、この文では主語が一致しているので、簡略化のために接続詞があるほうの節にある主語も一緒に消します。

~~As I~~ needed to talk to Brian, I called him.

【STEP 4】動詞を現在分詞にする

Needing to talk to Brian, I called him.

ここで、接続詞があったほうの節にある動詞を現在分詞にすれば、分詞構文の完成です。

分詞構文は、このように「接続詞と主語の省略」を前提に順を追って進めれば、意外と簡単につくれるようになります。

「Needing」となることで時制が不明瞭になりますが、これは簡略化の代償とも言えます。

時制は、後半の節の動詞「called」によって類推できるため、Needing の部分の時制が無視されているのです。

 ## 受動態の分詞構文

<u>「分詞構文では現在分詞に変更する」</u>という原則があります。

しかし、受動態の文では、現在分詞の動詞がなく、過去分詞の動詞があるという、奇妙な現象が起きます。次の文を見てみましょう。

②賢く使えば、テレビはとても便利です。
If it **is used** wisely, the TV set is very useful.
→ **Used** wisely, the TV set is very useful.

②の文では、過去分詞「used」が文頭に置かれ、接続詞と主語が省略されています。この結果だけを見て「受動態の文は過去分詞でつくるもの」という解釈をしてしまう人がいますが、そのように単純に覚えていると、混乱の種になってしまいます。

なぜこのようなことが起きるのかを、先ほどの「分詞構文の5つのステップ」で確認しましょう。

【STEP 1】接続詞を確認する

接続詞「If」があるので、分詞構文に変換できそうです。

【STEP 2】2つの節の主語が一致しているかを確認する

「it is used〜」の「it」は、単語は違うものの、後半の節の「the TV set」を意味しているため、一致しています。

【STEP 3】「接続詞」と「共通の主語」を消す

次に、②の文の「接続詞」と、STEP 2で確認した「共通の主語」のうち、接続詞側の主語を消します。

~~If it~~ is used wisely, the TV set is very useful.

【STEP 4】動詞を現在分詞にする

そして、動詞を現在分詞にします。ここでは「be」が述語として機能しているので、現在分詞「being」の形にします。

233

> **Being used** wisely, the TV set is very useful.

　これで、②の文を省略して分詞構文に変換できました。

　じつは、ここで終わっても文法的に問題ありません。これも正解の１つです。しかし、<u>英語は「簡略化できるものは簡略化する」という特性があるので、さらなる簡略化を考えます。</u>

　ここで、さらに簡略化できる要素としてターゲットとなるのが「be動詞の現在分詞」です。もともとの過去分詞「used」は、必ずbe動詞とセットで使われるため、「beingがなくても意思の疎通が可能」だと言えます。

　つまり、ここで「beingの省略」というステップが踏まれるのです。

【STEP 5】be動詞の現在分詞を省略する

> ~~Being~~ used wisely, the TV set is very useful.
> →**Used** wisely, the TV set is very useful.

　このように、受動態の分詞構文には「beingが省略されたために、過去分詞だけが残った」という背景があったのです。

　<u>受動態の場合、例外として過去分詞が使われるのではなく、あくまで現在分詞のbeingでつくり、それを省略した形なのです。</u>

　つまり「受動態の分詞構文だけは、過去分詞でつくる」のは、あくまで結果論であり、この用法の本質ではないということです。

 ## 独立分詞構文

　次は<u>「主語が異なる場合の分詞構文」</u>について考えてみましょう。

　この場合も、基本の５つのステップを踏むことで、おのずと正解にたどり着けます。

③私は昨晩彼女に電話し、そして今日彼女はここに来ました。
I had called her last night, **and** **she** came here today.

【STEP 1】接続詞を確認する

接続詞「and」があるので、分詞構文に変換できそうです。

【STEP 2】2つの節の主語が一致しているかを確認する

最初の節の主語は「I」ですが、次の節では「she」が主語です。つまり、今回は主語が一致していません。困りましたが、そのまま次に進みます。

【STEP 3】「接続詞」と「共通の主語」を消す

まず、接続詞の「and」を消します。次の「共通の主語」は、今回「なし」でした。そこで、主語はそのまま残します。

I had called her last night, ~~and~~ **she** came here today.

【STEP 4】動詞を現在分詞にする

そして、主語「she」を残したまま、接続詞があったほうの節の動詞を現在分詞にします。

I had called her last night, she **coming** here today.

これで、③の文の分詞構文ができました。ステップを踏むことで、様々な場面においても、同じ考え方で分詞構文をつくることができます。

このような**独立分詞構文**は、会話や文であまり登場しない珍しい形です。知識として知っておくと、いざというときにも落ち着いて対応できるでしょう。

「強調構文」は
「先出しの原則」で!

 ## 文の一部を強調する方法

　強調構文は、高校英語の中でも "取り扱い注意" の文法です。根本原理がわかっていないと、意味がわからない文になりがちなのです。

　ただし、理屈を理解さえすれば、意外なほど簡単に使いこなせるようになります。まず、次の文を例に考えてみましょう。

【例】私は昨日、公園で友達に会いました。

I met a friend in the park yesterday.
A　　　 B　　　　 C　　　　 D

　強調構文では、上で下線を引いた「A〜D」をそれぞれ強調することができます。ただし、述語の「met」は強調できません。

〈強調構文〉It is 〜 that＋残りの文

【Aの強調】

It is I that met a friend in the park yesterday.

（昨日公園で友達に会ったのは、**私です**。）

　It is 〜の形では、一般的に目的語が入るため、「It is me〜」となりそうですが、強調構文では**「元の文の形をそのまま挿入する」**ことがポイントになります。ここで、「It is I（それは私です）」となるため、「I（私）」が強調された意味になります。

【Bの強調】
It is a friend <u>that</u> I met in the park yesterday.
（昨日公園で私が会ったのは、**友達です。**）

　Bの「a friend」を強調したい場合も、そのまま「It is」に続けて挿入します。後は、that以下に残りの文を入れれば完成です。
　ここで「a friend」が強調されるため「昨日公園で私が会ったのは、友達です」となります。

【Cの強調】
It is in the park <u>that</u> I met a friend yesterday.
（昨日私が友達に会ったのは、**公園です。**）

　場所を指すCが強調される場合、前置詞ごと「It is」の次に挿入します。すると、「in the park」がそのまま強調された文になります。

【Dの強調】
It is yesterday <u>that</u> I met a friend in the park.
（私が公園で友達に会ったのは、**昨日です。**）

　このように考えると、強調構文は非常にシンプルで、何度か意識的につくる練習をしてみれば、多くの場面で使えることに気づくと思います。
　実際に日常会話でよく使われているため、映画やドラマなどでも耳にすることが多い表現です。
　意識して聞いてみれば「あっ、今のは強調構文だ！」と気づくことができるようになるはずです。

おわりに

　以前、大学生の私の教え子からこんな質問を受けたことがあります。
「先生、私は将来英語の教師になりたいのですが、どうしたら生徒に英文法を覚えてもらえるでしょうか？」

　このとき、私は言葉に詰まってしまいました。

　なぜなら、この質問内容はまさに「英文法は、試験のために"覚える"もの」だという現代の日本の英語教育を象徴しているように私には思えたからです。また、私たちの多くが、学校の英語教育を通じて、無意識にそう刷り込まれています。

　私自身も、高校生のときは英文法を一生懸命に「覚えよう」としていました。しかし、なかなかうまくいかず、英語の成績はいつも赤点だったのです。

　ところが、大学に入り、「歴史・文化的背景・宗教観」などを学んだことで英文法が"理解"できるようになると、それまでひたすら暗記するだけの「血の通わない、冷たい公式集」だと思っていた英文法が、「人間の気持ちを熱く語る、血の通った表現集」へ一気に変わっていきました。
「英語を長年にわたり学んでいるものの、一向に使えるようにならない」という悩みを抱えている人は、おそらく"覚える"ことが中心になってしまい、"理解する"機会がなかったのかもしれません。

　すでに、英文法の歴史や起源などを解説している本は世の中にたくさん出ています。

　ただし、そのほとんどが学者の先生たちによって書かれた「研究書」または高度な「専門書」であり（素晴らしい本ばかりではありますが）、一般の人が読み解くには至極困難だと言わざるを得ません。

　そこで、本書は一般の方が読んでも必ず理解できることを目指して、ひと項目ずつていねいに書いたつもりです。

英会話のスピーキングやリスニング、文章のリーディングやライティング、どれをとっても文法は必ず必要になります。

　英文法は、けっして「試験のために頭の中に一時的に覚えておくもの」ではなく、「理解してしっかり体に染みこませ使っていくもの」なのです。

　本書の鉄則を守り、英文法を学びさえすれば、英語習得の最短ルートになると、私は確信しています。

　本書を通して、「文法にはとても深いドラマがあるんだ」「文法には血の通った人間の想いがあるんだ」ということを感じとり、英文法に興味を持っていただき、"活き活き"と使えるようになるきっかけとなれば幸いです。

Where there is a will, there is a way!
（意のあるところに道は開ける！）

2021年3月

牧野智一

本書の無料特典として、私、牧野智一が「日本人に適した英語学習法・文法理解」について詳しく解説したオンライン講座の動画をプレゼントいたします。
ご興味のある方は下記のURLまたはQRコードよりアクセスしてください。

 https://memolish.jp/book

※本キャンペーンは予告なく終了することがあります。あらかじめご了承ください。
　また、本キャンペーンおよび無料特典の内容について、出版元は一切の責任を負いません。

著者プロフィール

牧野智一（まきの・ともかず）

通訳者・翻訳家。常葉大学 外国語学部 非常勤講師。
1968年、静岡県掛川市生まれ。ジミー・カーター元米大統領の会見通訳や、キング牧師親族の取材通訳を担当。1996年アトランタ夏季オリンピックではIOC公式通訳としてカール・ルイスなど有名アスリートの通訳を担当する。またアメリカのメジャーリーグの各球団広報通訳、ブルース・ウィリスをはじめとする映画スターの通訳など、通訳者として多方面で活躍。
2013年日本政府主催「ASEAN40周年音楽祭」代表通訳。AKB48、EXILEの通訳担当。2016年オバマ元米大統領の広島訪問時スピーチ全文翻訳を担当。
通訳の仕事と同時に勤めていた予備校の代々木ゼミナールの英語授業では、「面白く、かつわかりやすい！」と生徒の間でたちまち評判となり、人気講師となる。
現在は、第一線で通訳者として活躍する傍ら、小学校・中学校・高校の教育者への授業法指導も行っている。また英会話スクールの監修も行っており、一般向けの「使いこなせる英会話」のレッスンにも尽力している。
2020年東京オリンピック公式通訳。

一度読んだら絶対に忘れない英文法の教科書

2021年 4月26日　初版第1刷発行
2023年12月25日　初版第17刷発行

著　者	牧野智一
発行者	小川 淳
発行所	SBクリエイティブ株式会社
	〒106-0032　東京都港区六本木2-4-5
	電話　03-5549-1201（営業部）
装　丁	西垂水敦（Krran）
本文デザイン・DTP	斎藤 充（クロロス）
編集協力	野村 光
特別協力	星野 真（ACラーニング株式会社）
編集担当	鯨岡純一（SBクリエイティブ）
印刷・製本	三松堂株式会社

本書をお読みになったご意見・ご感想を下記URL、またはQRコードよりお寄せください。
https://isbn2.sbcr.jp/08781/